ZÜRI-SLÄNGIKON

Domenico Blass

ZÜRI-SLÄNGIKON

Neus Gschmeus!

Illustriert von Andrea Caprez

WÖRTERSEH

Wörterseh wird vom Bundesamt für Kultur für die Jahre 2026 bis 2028 mit einem Strukturbeitrag unterstützt.

Angaben zur EU-Verordnung über die allgemeine Produktsicherheit finden sich auf der letzten Seite dieses Buchs.

2. Auflage 2026

Gesammelt von Domenico Blass und
den Leser:innen des Zürcher Monatsmagazins «Bonus»,
des News-Portals «20 Minuten» und von
«zuri.net», dem unabhängigen Lokalverzeichnis der Stadt Zürich

Online bei www.zuerislaengikon.ch oder www.zuri.net/slang

Illustrationen: Andrea Caprez
Umschlaggestaltung: Thomas Jarzina
Satz und Herstellung: Beate Simson
Druck und Bindung: Beltz Grafische Betriebe

Print ISBN 978-3-03763-150-8
E-Book ISBN 978-3-03763-841-5

www.woerterseh.ch

FSC www.fsc.org
MIX
Papier | Fördert gute Waldnutzung
FSC® C089473

INHALT

HAUPTSTADT DER SCHNURRIS.

Pfui, Zürischnurre!

Dir haben wir Zürcherinnen und Zürcher einen schönen Teil unseres schlechten Rufes zu verdanken. Du bist laut und frech und ab und zu ganz schön primitiv.

Und trotzdem sind wir stolz auf Dich.

Denn die Wortschöpfungen und Redensarten, die in einer möglichst lesefreundlichen, diskriminierungsfreien und geschlechtergerechten Schreibweise im Züri-Slängikon versammelt sind, zeigen ganz deutlich: Du bist auch fantasievoll, witzig und charmant. Du hast die Eigenschaften, die der Rest der Schweiz an uns Zürcherinnen und Zürchern oft schmerzlich vermisst.

Hopp, Zürischnurre!

Domenico Blass

sich guet metzge

seine Haut teuer verkaufen

TÄTIGKEITEN

abbrechen abbrotze | abchläme

abreiben abfigge | abputze | abripse | abschabe | fergge | fidle | rippsche | süübere

abrollen abhaschple | abliire | abrugele | purzle

absprechen, vereinbaren arrangschiere *(franz. arranger)* | es Päckli mache | uusjasse

anpacken aagattige | d Ärmel hinderelitze | ineligge

atmen ächze *(schwerfällig)* | pfnuchse *(stark atmen)* | schnüffele | schnuppe | schnuufe

aufgeben, resignieren d Flinte is Chorn rüere | de Schwanz iizieh | Fertig luschtig! | gnueg gstramplet | nüme chöne | öppis nüme preschtiere | s Gwehr is Fäld rüere | schlapp mache | Schluss fidibuss!

aufheben uufläse | uuflupfe | uufnäh | zämeläse | zämeramisiere *(franz. ramasser)*

aufpassen Achtig gäh | guet luege | Lappi – mach d Auge uuf! | Obacht gäh | Sorg hebe | uufpasse wie-n-en Häftlimacher

ausharren, durchstehen Biss zeige | da stah wie-n-en Fels i de Brandig | durebiisse | durehebe | duresüüche | nöd lugg lah

ausknobeln Aazelle, Bölle schele *(Zählreim)* | Es chugelet öppis s Bergli ab, s isch de Herr Profässer – wie vill Öpfel hät er gfrässe? *(Zählreim)* | hölzle *(Hölzchen ziehen)* | Schere-Stei-Papier mache | Sigg-Sagg-Sugg mache | uus-chääre | uus-chääse | uusjasse | uuswürfle

mit dem Stuhl auf zwei Beinen balancieren gaagele | hin und her gigampfe | zabble

beschenken dere Person würd i nöd emal de Dräck under de Fingernegel gäh *(nicht beschenken)* | ich gib öpperem es goldigs Nüüteli *(nichts schenken)* | ich gib öpperem es silberigs Nienewägeli *(nichts schenken)* | öpperem öppis aahänke *(meist ein Geschenk, das man selbst nicht haben will)* | Spändierhose aahaa

beschmutzen lättere | Möse mache | schludere | soile *(von Kindern)* | verchlaatere *(klebrig)* | verdräcke | versoue | versudle

besuchen bsüechle | churz d Schueh abbutze *(kurzer Besuch)* | e Visite mache | es Gaschtspiel gäh *(kurzer Besuch)* | unaagmäldet aachlopfe | z Stubete gah | verbii gah

bewältigen, meistern, verstehen am Fass haa | da stah wie-n-en Fels i de Brandig | da stah wie-n-es Eis | das isch miin Fisch gsi | de Chnopf uuftue | de Hirsch sii | de Scheriff sii | druus choo | dureblicke | en Schnall haa | im Griff haa | intus haa | kappische | öppis chöne | raffe | schnalle | tschägge *(engl. to check)*

bewundern abe gah wie-n-en Spoitz a de Schiibe | abe gah wie-n-en weiche Chäs | de Chnüü-Schlotteri haa | de Schlotteri überchoo | Gummibei überchoo | weichi Chnüü überchoo

bluffen blagiere | blöffe | gross tue | flexe *(von engl. to flex a muscle)* | höch aagäh | Jetzt häsch aber d Uufschnittmaschine tick iigstellt | Me chönnt meine, du hegsch s Rad erfunde! | mit de grosse Chelle aarichte | puupe | rolexe | s Rad schlaa | uf di eiget Müli rede | uufpluschtere | uufschniide | wichtig tue

bluten blüete | d Periode im Gsicht haa *(aus der Nase bluten)*

bürsten, polieren fidle | figle | glänze | wichse

denken de Bölle aastränge | de Chopf schräg hebe, dänn lauft d Hirnflüssigkeit zäme | de Dänkapparat aastelle | de Grips aastränge | die beide letschte Hirnzälle uf Serie schalte | die graue Hirnzälle fürenäh | hirne

drängen aaschiebe | Bei mache | Dalli-Dalli mache | en Schupf gäh | pusche *(engl. to push)*

einkaufen chrömle *(vor allem bei Süssigkeiten)* | dedle | kitsche *(Kleinigkeiten einkaufen)* | kommissiönle *(franz. la commission)* | lädele | poschte | pöschtele | schoppe *(engl. to shop)*

auf jemanden einreden volltexte | voll labere | zuebuttere | öpperem s Ohr abchätsche | uf de Seel umechnüünle | i eis Loch schwätze | vollschwafle | de Chopf volle schwätze | öpper zuespäme *(engl. spam)* | uf öpper inebängle | uf öpper iipauke | uf öpper iipredige | uf öpper iischnurre | z vill Text haa | öpper zuetexte

eintreffen aachoo | iitrudle

erstreben uf öppis spanifle | uf öppis spienzle

erwischen, ertappen hinder d Ränk cho | uf d Schlich choo | vertwütsche | verwütsche

erzählen verzapfe | verzele

erzwingen dure stiere | durezwänge | en schöne Stieregrind haa | erstämpfele | ertoibele | ertrotze | müede | zwängele

fangen hätse *(vom Ausdruck «hät s» beim Fangis)* | s Hätti gäh | schnappe | verwütsche

feilschen abewürge *(runterhandeln)* | en Chueh-Handel *(fauler Tausch)* | määrte

fotografieren es Bildli mache | fötele | knipse | de Unkel Otti macht e Foti | en Schnappschuss mache

frösteln Gänsehuut haa | tschuddere | verchluuderet *(fröstelnd)*

geniessen bächtele | es verjagt mi vor Wöhli | sich s la wohl sii | tschille *(engl. to chill)* | versprütze

seine Haut teuer verkaufen sich guet metzge

sein Herz ausschütten de Chropf lääre | use chotze | use trumpeete

hereinfallen driigheje | inegheje | id Schiissi recke | en Schue voll usezieh

herumhüpfen umefotzle | umegumpe | umejoggle

herumlungern abhänge | am liebe Gott de Tag abstäle | gammle | hänge | Häsch Muulaffe feil? | hudle | umehänge | tschille *(engl. to chill)* | umehüenere |

umehummle | umeluedere | umelungere | umestriele | umetrümmere | d Ziit verplämperle

herumstochern gusle | nodere | umefigureetle

herumtollen Das isch en schöne Gump-Esel! | umegumpe | umejoggle | umetroole

hetzen Druck mache | jufle | pressiere | Stress mache | stresse | stürme

hofieren, schmeicheln buuchpinsle | e Schliimspur hinderlaa | es Bsüechli im Arsch vom Chef oder de Chefin mache | eso schliime, dass mer uusrutscht | flattiere | höbele | Honig um s Muul schmiere | in Arsch chrüüche | nach öpper anderem sim Muul rede | schliime | sich e bruuni Nase mache | sich e bruuni Zunge hole | sich ineschliime | Velo fahre – gäg ufe puggle, gäg abe strample

in die Hocke gehen abe fahre | abe huure | abehöckle | chnüündle | d Lutschstellig iinäh | id Chnüü gah

ins Gefängnis gehen Blei-Schueh aalegge | gsiibti Luft schnuufe | hinder schwedischi Gardine gah | id Chischte müese | iiglochet werde | is Chefi cho

jammern, sich beklagen chlööne | es Gschiss mache | gürmse | jämmerle | motze | muule | pfuttere | rüssle | Stunk mache | trällere | wäffele

klauen, stehlen abstaube | abzügle | billig miete | chlaufe | chluppe | filze | Foif-Finger-Rabatt überchoo | gschänkt überchoo | i de Langfinger-Zouft sii | mitgah laa | mitlaufe laa | mugge | öpper uusnäh | s Zäh-Finger-Sischtem | schneife | schnelle | stibitze | strotze | strutze | subtrahiere | uuslehne | verschwinde laa

klecksen en Tolgge mache | moore | Narre-Händ verschmiered Tisch und Wänd | soile *(von Sau)*

knirschen chroose

kochen Biomasse produziere | bröötle *(braten)* | brutzle *(braten)* | es stroddlet *(das Wasser kocht)* | süüde *(sieden)*

kommentieren d Schnurre driihänke | drinine muule | e frächi Röhre haa | sin Furz dezue gäh | sin Kommentar abgäh | sin Mischt dezue gäh | sin Quark dezue gäh | sin Sänf dezue gäh | sin Seich aabringe | sini Läfzge driihänke

kosten, probieren es Prööbli näh | es Schnäfeli näh | es Versüecherli näh | en Zungespitz voll näh

kramen grümschele | noisle | noddere | nuusche

kränkeln abserble | chröschperlig sii | chröschperle | muddere | serble

kriechen muchle

kritisieren durehächle | durenäh | kritikaschtere | motze | nörgle | stänkere | stinkerle | wäffele

lachen es haut mi um vor Lache | es verriisst mi fascht | gigele | grööle | japse | mich verjättet s | mich vertätscht s

langsam aufhören abschlaffe | uusplampe laa | uusplämperle

lästern durenäh | hächle | keis guets Haar laa | löchle | stänkere | trombiere | umefigge

leer ausgehen am leere Taape suuge | es Nienewägeli überchoo | es silberigs Nüüteli überchoo | für mich hät s nüme glanget | id Röhre luege | s isch für nüüt gsii

locken Diri-Däri mache | zoikle

lutschen suggele

nachfassen hinderfrööge | naehaagge | naetopple

nachlassen abgäh | kei Müe meh gäh | lampe laa | schliife laa

nervös auf und ab gehen umefurze wie-n-es Humbeli | umetigere

pflücken, ernten abnäh | güne | läse | zupfe

pfuschen haudere | morxe | en Pfusch ablaa | vercheibe | verhuere | vermorxe | verschluddere | versiffe | versoue | vertüüfle | zämehaudere

quietschen giire | giixe

radieren gümmele

reimen, dichten e Schnitzelbank mache | en Vers brünzle | friisteile *(engl. freestyle)*

reissen riisse | schränze | schriisse | zeere

rennen abtuube *(davonrennen)* | cheibe | d Bei under de Arm näh | di hindere fürenäh | fätze | gümmele | hetze | hösele | seckle | semmele | sepple | spiide *(engl. speed)* | springe | gisch was häsch | wetze

reparieren schlüssle

sanft streicheln, fast kitzeln chräbele | chrüsele | chützle | saniise

schaden am Stuelbei saage | e fiisi Tuur abzieh | eine inetrucke | eis inebrämse | es Ei legge | figge | öpperem en Strick dräje | zleid werche

Schaden anrichten en Seich mache | en Mischt ablaa | öppis aastelle | öppis boosge | Scheisse boue

schauen be-augapfle | gaffe *(starren)* | glotze | gugge | güxle | kibitzle | linse | luege | oige | sperbere | spienzle | Stiilauge mache | vor luuter Gwunder gheied em d Auge zum Chopf uus

schaufeln, graben buddle | loche

scheitern abverheje | id Hose gah

scheppern chessle | chlöpfe | tschäddere

schieben schürge

schleichen umefüsele

schneiden schnäfle | schnätzle | schnipsle | uusschniide

schnorren abbättle | abluchse | abluuse | ergattere | flattiere | uusriisse

schnuppern, auskundschaften kibitze | schnoigge

die Schuld zuweisen de schwarz Peter aahänke | s Zwei an Rugge maale

schwänzen blau mache | e Uusziit näh

schwitzen schwitze wie es alts Schlachtross | öle

sich abrackern chrampfe bis zum Umgheje | sich de Arsch uufriisse | sich de Puggel chrumm schaffe | sich zum Schindlueder mache | strample

sich an einem Apfel verschlucken es Bütschgi im Hals haa | s Schneewittli mache

sich ärgern duregheje | durestarte | sich ergelschtere | sich grüen und blau ärgere | sich hindersine | heisslaufe | Hode-Chrämpf überchoo | id Luft gah | de Puls gaht obsi | sich nerve | abgah wie-n-e Rageete | sich rot und blau ärgere | stigelisinnig werde | Schüüb überchoo | sich z Tod ärgere | toibele | sich uufrege | e Wulle haa

sich ausruhen ali Vieri vo sich strecke | Drüü la grad sii | es Schlööfli näh | hänge | nüüt tue | obenabe cho | plegere | riläxe *(engl. to relax)* | tschille *(engl. to chill)* | tschilliere *(engl. to chill)* | uusplampe | uusruebe | uusspane

sich beeilen aber es bitzli dalli *(beeil dich)* | abschwirre | Dampf gäh | de Finger usenäh | de Sack iichläme und ap | di Hindere füre näh | e chli mache | fürschi mache | Gas gäh | Gummi gäh | Gutzi gäh | nöd umetöörle | pressiere | Strom i d Hose laa | uf s Gaspedal trucke

sich gut verstehen guet uus-choo | s guet haa mitenand

sich mit Kleinkram beschäftigen chüngele | gfätterle | grümschele | näggele | nuusche

sich schlecht benehmen am Knigge de Haagge stelle | pööble | uflätig benäh

sonnenbaden a de Sune brötle | brüünele | d Hamol-Stellig iinäh | solare | sünnele

spazieren de Familieschluuch *(Sonntags-Spaziergang)* | e Radio-Wanderig *(wenn es viele Spaziergänger:innen hat)* | e chli go laufe | en Spazifizottel mache | laatsche | schuehne | spazifizottle | tschalpe | tschumple

spielen gejme *(für elektronische Spiele; engl. game)* | goope *(mit Kindern oder Tieren)* | zocke *(um Geld)*

mit Streichhölzern spielen füürle | mit Zoishündli spile | mit Zündhölzli umegischple | zoisle

stapeln biige | hüüfele | schöchle

stöbern, wühlen noisle | nüele | nuusche

stolpern uf d Frässi haue | über d Scheiche stolpere | uf d Schnurre gheje | stürchle

stossen, schubsen bugsiere | en Schupf gäh | en Stupf gäh | schupfe | schupse | schürgele

tragen, schleppen haurucke | puggle *(von Buckel)* | schleike

treffen Häsch s Tüpfi i de EPA kauft? *(wenn man schlecht trifft)* | tüpfe

treten abschlaa | en Tschuut in Arsch gäh | gingge | stopfe | trampe

trödeln blööterle | lamaasche | plämperle | Schnägge vertrucke | schnäggle | töörle | umegwaggle | umeharve | umeträddele | umevagabundiere | watschle

auf Tuchfühlung gehen aalähne | nöchberle | uf d Pelle rucke

überflüssig sein Gift i de Rundi sii | im Off sii *(engl. offside)* | im Wääg sii | s foift Raad am Wage sii | voorig sii

überreichen droppe *(engl. to drop)*

umbringen chalt mache | en Chopf chürzer mache | iisarge | morixle | schmoringgsle | umlaa | uusknipse

umfallen s hät mi glitzt | s hät mi gstöcklet | uf d Schnurre gheje | uf de Ranze gheje | uf de Sack gheje | umflüüge | umgheje

umziehen d Wohnig wächsle | e neui Loosche bezieh | vergässe z zejse | zügle

ungeduldig erwarten langi Ziit haa | sehnsüüchtle | uf öppis plange

unsorgfältig behandeln öppis umegheje | rueche | schlampe | schludere | verlottere

unterdrücken öpper dörf nöd emal elei go seiche | kujoniere | under d Chnuute näh | under s Joch näh | vertrampe

verbessern uufmotze | uufpimpe *(von der MTV-Sendung «Pimp My Ride»)*

verdonnern verchnurre

vergessen, verlieren e senili Phase haa | es hät Bei überchoo | es isch mer öppis under s Iis gange | vergöpfe | verhüehnere | verlauere | verlegge | verlööle | verschwitze | Wo han i au min Chopf gha?

verkaufen abgäh | vergante | verhökere | verschärbele | versilbere | vertschingge | vertschuute

verlieren abluuse | alt uusgseh | hinderschi mache | hinenuse mache | iiluege | s Zwei uf em Rugge haa | uf d Schnurre gheje | uf de Sack überchoo | uf s Tach überchoo | vercheibe | vergejme *(engl. game)* | verhaue | versieche

verpassen s hät grad no gschwänzlet | s isch scho dure | vergöpfe | verhänge | verlööle

verraten, petzen nüüt für sich phalte chöne | petze | rätsche | sich verplappere | sich verschnurre | tädderle | umehusiere | uusplaudere | verrätsche | vertädderle

verwöhnen ärvele | gaume | i Watte packe | mit Honig voll schmiere | öppis z lieb tue | s letscht Hämp vom Füdli gäh | uf Hände träge | verbibäbele | verhätschele | verpäppele

verzögern hinderhaa | useschürgele | useschüübe | usestüdele

vorwärts kommen obsi choo | uf em Leiterli uufstiige | vürschi choo

weggehen abfahre | abhaue | abtanze | abtuube | abzische | de Fisch mache | en Abgang mache | Leine zieh

widersprechen umegäh | umemuule | usehoische

auf die Zehen stehen bäumele | uf d Spitze stah | zächele

zerstören abehuebere | an Ranze mache | kabutt schlaa | schliisse | vercheibe | verhuebere | versieche | z Bode mache | z Hudle und z Fätze mache

zertreten flach mache | flach trucke | platt mache | verschlirgge | vertrampe | vertrucke | z Bode mache

ziellos umherirren striene | ume heue | ume hüehnere | umegeiere | umegondle | umegwaggle | umenüchle | umeschwanze | umestriele | umestriiche | umetigere | umevagante

en Primeli-Monteur

Gärtner

ARBEIT

Akademiker:in e höcher Gsträhleti – en höcher Gstrählete | e Gstudierti – en Gstudierte

Angestellte:r en Butzlumpe | e Büezeri – en Büezer | en Chlütteri | en Chnächt | e Chrampferi – en Chrampfer | en Gummi | en Böögg | en Gang-go | en Ga-Ho-Bi (Gang mer, hol mer, bring mer) | e Milch-Chueh | en Uhu *(Unterhund)*

Anwältin/Anwalt e Apfikaatin – en Apfikaat *(Advokat:in)* | en Paragraphe-Heini | e Rächtsverdräjeri – en Rächtsverdräjer

arbeiten aapacke | s Bättle versuume *(zu wenig verdienen)* | Batzeli verdiene | in Bou gah | brösmele | bügle | in Bunker gah | chlüttere | chnächte | chnuuschte | chüechle | Freiziit vergüüde | s Füdli lupfe | gfätterle | ginäffle | grüble | gschäfte | günsle | gusle | hacke | d Händ dräckig mache *(Drecksarbeit erledigen)* | heble | id Hose stiige | iifahre *(zur Arbeit kommen)* | maloche | muchle | noddere | pickle | pröble | robottere | rüttle | schaffe | schurigle | in Stolle gah | tängle | öppis tue | tschobbe *(engl. job)* | werche | wörke *(engl. to work)*

arbeiten (unmotiviert) chäschperle | chrämpferle | dergliiche tue | grümschele | es Ferie-Lager | kein Finger chrümme | lieber es Ränzli vom Frässe als es Püggeli vom Schaffe | später cho und defür früener gah | d Stämpel-Uhr beschäftige | umechüechle | umelümmle | umemeche

arbeiten (motiviert) ackere | d Ärmel hinderelitze | sich de Arsch uufriisse | chnüttle | chrampfe | chrüpple | id Händ spoize | rackere | ad Seck gah | schufte

arbeiten (unsorgfältig) murggse | wurschtle | es Gewurschtel | es Gschludder | en Murggs | e Otti-Ticksack-Arbet *(nach einer Kasperli-Figur)* | en Pfusch

arbeiten (sorgfältig) chnorze | chnüüble | driiligge | id Händ spoize | umeborze

arbeiten (langsam) blööterle | chrampfe kännt öpper nur em Name naa | duudele | flohne | es Flohner-Läbe füehre | gänggele | gfätterle | en Lahmarsch sii | nuusche | bi de Schnäggeposcht schaffe | tämpele | tröödle | trööle | umeballoone | umeblööterle | umeduudele | umegfätterle | umegurke | umelööle | umetökterle | umetrööle | sich mit de Beamte solidarisiere | wänn d dere oder dem zueluegsch, schlaafsch ii

arbeiten (leichte Arbeit) deet | wo d Arbet scho gmacht isch | die Büez machsch näbedbii | Larifari-Büez | e ruigi Chugle schiebe | Läckerli-Arbet | en Schoggi-Tschopp *(engl. job)*

arbeiten (mühselige Arbeit) e müedi Büez | e Cheibe-Büez | en Chrampf | en Chnorz | es Gchnorz | da machsch de Tokter

arbeitslos de blau Brief haa | ohni Büetz sii | kein Bügel meh haa | duurend Ferie haa | de Pickel abgäh | Tüümli trüle | go stämple gah | zwüschet zwei Stelle sii | e kei Stell haa | Ich schaffe bi de Firma Frei & Fiirabig als Ferie- und Freiziittechniker

Arbeitsplatz s Akkordeon *(bei Akkordarbeit)* | de Bou | d Boustell | de Bunker | d Buude | d Fabrik | di zweiti Heimet | d Schaffi | de Schaffomat *(Fliessband)* | de Stolle | de Stolle Sibe

Arbeitstag en Wäächtig *(Werktag)*

Ärztin/Arzt de Daktari | e Heileri – en Heiler | de Mech | d oder de Medz | de Profässer-Tintefrässer | de Töktel | en Tökti | de Pfläschterli-Tokter *(Allgemeinpraktiker:in)* | de Unggle Tokter *(Kindersprache)* | e Höhleforscheri – en Höhleforscher *(Frauenärztin/Frauenarzt)* | e Gsund-Bätteri – en Gsund-Bätter *(Naturheilärztin/Naturheilarzt)* | De Tokter – deet obe hockt er!

Aufträge unter der Hand vergeben AHV-Versänkerlis spile | d Beziehige spile laa | um siebe Hoistöck ume | mischle | e Schwarzgäld-Vermittlig | Soi-Häfeli-Soi-Teckeli | Vetterli-Wirtschaft | mit Vitamin B

Bäcker:in e Beckeri – en Beck | e Gipfeli-Büügeri – en Gipfeli-Büüger | e Gipfeli-Trülleri – en Gipfeli-Trüller | e Teigsüüderi – en Teigsüüder | en Mählwurm | e Wegglibeckeri – en Wegglibeck | e Weggliboxerin – en Weggliboxer

Bademeister:in en Pool-Sheriff

Baggerführer:in e Bagger-Pilotin – en Bagger-Pilot | e Gruebe-Pilotin – en Gruebe-Pilot

Bankangestellte:r e Abzockeri – en Abzocker | e Bänkeri – en Bänker *(von engl. banker)* | e Bänkleri – en Bänkler | e Batze-Schieberi – en Batze-Schieber | en Bänkster *(von engl. gangster)* | e Chischte-Schuufleri – en Chischte-Schuufler | en Gravatte-Heini | en Gnom | en Gäld-Tresor | en Schlips-Träger | en grawattierte Totegräber | en grawattierte Tubel | e Zockeri – en Zocker

Bauarbeiter:in e Abspitz- und Betonier-Technikeri – en Abspitz- und Betonier-Techniker | en Bou-Chnuschti | e Büezeri – en Büezer | öpper mit Hornhuut am Chüni *(Abstützen des Kinns am Schaufelstiel beim Nichtstun)*

Bäuerin/Bauer e Agro-Grossfläche-Designerin – en Agro-Grossfläche-Designer | e Bode-Würgeri – en Bode-Würger | es Chueh-Meitli – en Chueh-Bueb | e Chueh-Buse-Masseuse – en Chueh-Buse-Masseur | e eidgenössisch diplomierti Chueh-Buse-Saft-Entlockigstechnikeri – en eidgenössisch diplomierte Chueh-Buse-Saft-Entlockigstechniker | en Fäldmarschall | en Gülle-Zapfe | e Landschaftsgärtnerin – en Landschaftsgärtner | e Mischt-Chratzeri – en Mischt-Chratzer | e Mischtgable-Profässorin – en Mischtgable-Profässer | e Püürin – en Puur | d Tängelifrau – de Tängelimaa

beschäftigt sein bisi sii *(engl. busy)* | es sprützt mer halb-meeterig zur Bire uus *(stark schwitzen bei harter Arbeit)* | nüme dure gseh | kei Schnuuf haa | en Stress haa | im Schuss sii | im Stress sii | vill um d Ohre haa

Buchhalter:in e Buuch-Halteri – en Buuch-Halter | es Chole-Monschter | e Räche-Schieberi – en Räche-Schieber | es Zahle-Huehn | en Zellrahme

Chef:in, Vorgesetzte:r de Boss *(engl.)* | de Big Boss *(engl.)* | de Capo *(ital.)* | de Chefe *(span.)* | de Chou-chou *(franz.)* | öppis Hööchs *(Kadermitglied)* | d Oberkommandörin – de Oberkommandör | d Meischteri – de Meischter | de Oberarsch | de Oberjehudi | de Oberguschti | s Oberhirni | di Oberscht – de Oberscht | d Scheffin – de Scheff | a de Sprützi sii | de Tschiif *(engl.)* | d Vorturneri – de Vorturner | e Zvill-Verdieneri – en Zvill-Verdiener

Chirurg:in e Chnoche-Flickeri – en Chnoche-Flicker | e Chnoche-Schlosseri – en Chnoche-Schlosser | e Chnoche-Spängleri – en Chnoche-Spängler | e Mässerschläckeri – en Mässerschläcker | e Metzgeri – en Metzger | e Rippeknackeri – en Rippeknacker | e Schnäfleri – en Schnäfler | e Schnätzlerin – en Schnätzler

Coiffeur/Coiffeuse de Baader *(zog früher auch Zähne)* | de Barber *(engl.)* | e Chopf-Gärtneri – en Chopf-Gärtner | e Chruselbeeri-Schaberi – en Chruselbeeri-Schaber | e Coifförschteri – en Coifförschter | en Figaro | e Gibelfrääseri – en Gibelfrääser | e Friise-Schnipsleri – en Friise-Schnipsler | e Frisööse – en Frisöör | en Goaffzgi *(Abk. von Coiffeur)* | en Guaffi | e Höörli-Diebin – en Höörli-Dieb | e Höörli-Filzeri – en Höörli-Filzer | e Höörli-Metzgeri – en Höörli-Metzger | en Höörli-Tökti | e Luus-Tante | e Rase-Mäjeri – en Rase-Mäjer | e Schuppe-Chratzeri – en Schuppe-Chratzer

Computer (Desktop) d Chischte | e Dose *(Windows)* | es Elektrone-Hirni | en Kompi | en Öpfel *(Apple Computer)* | es Öpfelchüechli *(iMac)* | en Siliziumchrüppel

Computer (Laptop) es Chlappkino | es Informatiker-Handtäschli | es Klapp-Top | en Lappschrott | en Note-Bock *(Notebook)* | en Reise-Kompi | en Schlapp-Flop | en Schlepp-Top *(wegen des Gewichtes)* | en Toplappe

Computer (Apple-User:in) e Macintoshiteri – en Macintoshiter | e Macianeri – en Macianer | e Mägglerin – en Mäggler | e Öpfel-Jüngeri – en Öpfel-Jünger

Computer (Windows-User:in) en Gummihals | en Migros-Soft-Heini | en Micro-Softie | Meikro-Schrott Win-Dose *(Microsoft Windows)* | Win-doof *(Windows)*

Computer-Zubehör es netts Kabel *(Netzkabel)*

Dentalhygieniker:in e Zahstei-Chratzeri – en Zahstei-Chratzer | e Töggel-Schliiferi – en Töggel-Schliifer

der Stress lässt nach us em Gröbschte dusse sii | s Liecht am Ändi vom Tunnel gseh | wieder Liecht gseh | wieder Luft haa | es lugget

Dieb:in, Einbrecher:in en Lump | en Halungg | en Hotzeplotz | en Glünggi | e listiigeri – en listiiger | e Roiberi – en Roiber | en Langfinger

Dokument es Doki | en Fackel | en Fätze Papier | en Fötzel | en Fräss-Zädel *(kleine Notiz)* | es Gschriibsel | e Schriiberei

downloaden abezapfe | abelade | abesuuge | abeschuufle | Date braate | lade

ein E-Mail schicken übere beame *(engl. to beam)* | elektronisch flirte | maile | uf s Mail legge | en Strombrief sände

einarbeiten aalehre | lehre, wie de Charre lauft | sich iiläbe | iifuchse

eintippen s Adler-Sischteem *(Eingabe mit einem Finger)* | iigäh | inechlopfe | inetöggele | inehämmere | inehäcke | s Kiiboord malträtiere *(engl. keyboard)*

Elektriker:in e Ampère-Chützleri – en Ampère-Chützler | e Churzschluss-Technikeri – en Churzschluss-Techniker | e Stromeri – en Stromer | e Verrecktrikeri – en Verrecktriker

entlassen werden de blau Brief überchoo | flüüge | gange werde | gfüüret werde | gmöbblet werde *(engl.)* | gspickt werde | gschasst werde *(franz. chasser)* | kickt werde | de Poschte verlüüre | de Schueh in Arsch überchoo | uf d Straass gstellt werde | vor d Tüür gstellt werde | usegheje | useflüüge | usefuule | usegschmisse werde | usegspickt werde | useghejt werde | usebugsiert werde | usegrüert werde

Entwurf öppis us em Ärmel schüttle | öppis anechlöpfe | öppis anerüehre | en Bruijo *(franz. brouillon)* | öppis z Fade schlaa | so schnäll-schnäll | en Sudel

Fahrtenbegleiter:in (Eisenbahn) e Bileetöse – en Bileetör | e Bileetknipseri – en Bileetknipser | e Kondüktöse – en Kondiktör | en Kondi | en Löchli-Chnächt | e Spiilverderberi – en Spiilverderber

Feinarbeit e Chnüübli-Arbet | e Chlütterli-Büetz | e Chüngeli-Arbet | chlütterle | sich driichnüündle | e Gäggeli-Arbet | e Gfätterli-Arbet | es Gnifel | e Häftlimacher-Arbet | es Millimetergvögel | e Millimeterlete | e Nifeli-Büetz | umegfätterle | umegufere

Feuerwehrfrau/Feuerwehrmann e Brandleggeri – en Brandlegger | e Füürlimeischteri – en Füürlimeischter | es Schluuch-Meitli – en Schluuch-Bueb | e Uuslöscheri – en Uuslöscher | e Wasserfrau – en Wassermaa

Firmen d Clitoris-Bank *(Clientis Bank)* | de Chrusli-Sänn *(Krause Senn)* | d Migi *(Migros)* | Papa kann zahlen *(PKZ)* | d Uups *(Bank UBS)*

Flächenmaler:in e Applikations-Technikeri – en Applikations-Techniker | e Gartehag- und Landstriicheri – en Gartehag- und Landstriicher | es Nitro-Hirni | e Oberfläche-Veredeligs-Technikeri – en Oberfläche-Veredeligs-Techniker | e Pinsleri – en Pinsler | e Pinsel-Technikeri – en Pinsel-Techniker | en Schlaarggi | en Schlirggi | en Schlirpi | en Schmieri | en Stägehuus-Rembrandt | e Wand-Schteilischtin – en Wand-Schteilischt *(Stylist:in)* | Mached mer es Malergschäft uuf? Du striichsch und ich laane tröchne!

Flight Attendant (Flugbegleiter:in) es Düüse-Büsi | e Düüse-Muus | es Flug-Huehn | e Röhre-Änte | e flüügendi Servierdüüse | e Saft-Schubse | es Stratosfääre-Beeri | e Trolly-Dolly

Florist:in e Bluemebinderi – en Bluemebinder | e Bäsebinderi – en Bäsebinder | e Blüemeleri – en Blüemeler | e Bluemegärtneri – en Bluemegärtner | en Chrisantheme-Jonny | e Chranzbinderi – en Chranzbinder

Fotograf:in e Föteleri – en Föteler | e Knipseri – en Knipser | e Pickleri – en Pickler *(engl. picture)* | e Tunkelchammere-Artischtin – en Tunkelchammere-Artischt

Gärtner:in es Bäse-Vreni | en Blüemli-Mech | en Garte-Zwerg | e Humus-Wüehleri – en Humus-Wüehler | e Primeli-Monteurin – en Primeli-Monteur | en Scholle-Mech | e Strüüchli-Coiffeuse – en Strüüchli-Coiffeur

Geschäft, Firma d Buude | es Büdeli *(kleine Firma)* | de Lade | de Stolle

Geschäftsleitung de Filz | s Fläsche-Depot | d Peitschechlöpferinne – d Peitschechlöpfer | d Teppich-Abteilig | d Teppich-Etage | d Trillerpfiiffe | s Rössli-Spiil

Gesellschaftsformen Gah mal go Bier hole *(GmbH)* | Güggeli mit brötlete Herdöpfel *(GmbH)* | e Gsellschaft mit beschränkter Hoffnig *(GmbH)* | e Gsellschaft mit beschissener Hose *(GmbH)*

Handarbeits-Lehrer:in e Hanzgi-Lehrerin – en Hanzgi-Lehrer | e Schnurpfi-Tante – en Schnurpfi-Unggle | en Wulletraktor

Handbuch (Manual) en Aawiisig | en Aaleitig | e Beleidigungs-Adienig | e Gewichs-Abruusig *(Gebrauchsanweisung)*

Handlanger:in, Hilfsarbeiter:in e Banane-Büügeri – en Banane-Büüger | en Dudu | en Gang-go | öpper isch im Gang-go-Club | en Gang-mer-hol-mer-tun-mer | en Gib-häsch-zünd | en Gib-mer-heb-mer-reck-mer | en Gib-mer-hol-mer-bring-mer | en Gib-mer-läng-mer | e GmbH (Gang-Mach-Bring-Hol) | e Handlampe | en Tun-Du

Informatiker:in e Bitli-Schupferi – en Bitli-Schupfer *(engl. bit)* | e Bitli-Chlüüberi – en Bitli-Chlüüber | es Chällerchind | e Häckeri – en Häcker *(engl. hacker)* | en Info-Tiger | en IP-Heini | en Kompi-Freak | e Muus-Schupferi – en Muus-Schupfer | en PC-Chopf | en PC-Heini | en Softi *(von Software)* | en Silizium-Mech | e Taschtatur-Büügeri – en Taschtatur-Büüger | en Taschtatur-Heini | e Taschte-Malträtiereri – en Taschte-Malträtierer | e Web-Stübleri – en Web-Stübler

Ingenieur:in en Maschine-Tokter | en Intsch | en Schnör

Internet s Indernet | s Inter-Netzli | s Netz | s Poschti-Netzli | am Tropf hänke *(im Internet surfen)* | gigaguugele *(googeln)*

IT-Problem en PC ghört uf s WC

Journalist:in en Chafli | en Kritikaschter *(Kritiker:in)* | e Märlitante | en Medie-Fuzzi | e Schnurrnalischtin – en Schnurrnalischt | en Schmierinski | en Schmierheini *(wenn Schlechtes geschrieben wird)* | en Schmierfink *(wenn Schlechtes geschrieben wird)* | en Schriibparazzo | en Schriib-Tiger | en Schurni

Kader-Mitglied e Geissle-Chlöpferi – en Geissle-Chlöpfer | en Giraff | öpper us de Plüsch-Etaasche | e Sässel-Puupseri oder en Sässel-Puupser us de Teppich-Etaasche | es höchs Tier | e Umsatzzahle-Riiterin – en Umsatzzahle-Riiter

Kamerafrau/Kameramann en Linse-Tschockei *(von engl. jockey)* | d Kabel-Äffin – de Kabel-Aff *(Kabelträger:in im TV, wegen der gebückten Haltung)*

Kaminfeger:in e Chämifägeri – en Chämifäger | e Entruessigs-Technikeri – en Entruessigs-Techniker

Kaufmännische:r Angestellte:r e Bürochlammere | en Bürogummi | en Büro-Schangli | e eidgenössisch diplomierti Bürostuehl-Wärmeri – en eidgenössisch diplomierte Bürostuehl-Wärmer | e Kafi-Verteileri – en Kafi-Verteiler *(KV)* | e Kebab-Verkäuferi – en Kebab-Verkäufer *(KV)* | en Schriibtisch-Hängscht | e Sässelfurzeri – en Sässelfurzer | e Sässelhockeri – en Sässelhocker | en Sitz-Fritz

Kieferorthopäd:in en Chifi | en Spange-Mech

Köchin/Koch e Spaghetti-Monteurin – en Spaghetti-Monteur

Ladung en Arsch voll | e Bränte voll | en Charre voll | es Fueder | es Pfämet | e Schnurre voll | e ganzi Züglete

Lehrer:in e Ferie-Künschtleri – en Ferie-Künschtler | e Goofe-Schliiferi – en Goofe-Schliifer | en Pausesack | e Klasse-Tante – en Klasse-Unggle | e Lehrgotte – en Lehrgötti | en Profässer-Chindlifrässer | e Taape-Meischteri – en Taape-Meischter | e Volksbildhaueri – en Volksbildhauer | e Volksvertummeri – en Volksvertummer | e Vorsägeri – en Vorsäger

Lernende:r Azubi *(Auszubildende:r)* | es Lehrmeitli – en Lehrbueb | e Schnupperstiftin – en Schnupperstift | e Stiftin – en Stift | e Niete ohni Chopf *(ein Stift)* | d WC-Butzeri – de WC-Butzer

Lehrmeister:in d Stifte-Domptöse – de Stifte-Domptör

Lehrzeit d Stifti

Lieferschein en Schliferschii

Marktfahrer:in de billig Jakob | e Husiereri – en Husierer | e Ständli-Gurre | de Ständli-Heiri

Maurer:in e Bachstei-Verbindigs-Technologin – en Bachstei-Verbindigs-Technolog | es Bier-Hirni | e Chlötzli-Boueri – en Chlötzli-Bouer | en Muratori *(ital.)* | en Mucho | e Ruum-Entwickleri – en Ruum-Entwickler | e Stei-Biigeri – en Stei-Biiger

Mitarbeiter:in e Chrampfzange *(faul)* | öpper ghört scho zum Inventar *(altgedient)* | es alts Ross im Stall *(erfahren)* | s beschte Ross im Stall *(leistungsfähig)* | s beschti Ross im Stall – es macht de gröschti Mischt *(ironisch)* | en alte Trabant *(erfahren)* | e Mischtarbeiteri – en Mischtarbeiter | di undere Scharsche *(franz. charge)* | e Underhündin – en Underhund

mobben a s Bei seiche | spängle *(intrigieren)* | use ekle | zleid läbe

Mobbing-Opfer es Mopfer

Monatslohn de Zapfe

Müllfrau/Müllmann e Abfall-Inhaliererin – en Abfall-Inhalierer | e Chericht-Schnüfflerin – en Chericht-Schnüffler | e Chübel-Frau – en Chübel-Maa | e Güsel-Frau – en Güsel-Maa | en Güsel-Ranger | e Heizeri – en Heizer | e Recycling-Logistikerin – en Recycling-Logistiker | e Sackbearbeiterin – en Sackbearbeiter | e Trittbrättfahrerin – en Trittbrättfahrer | e Unrat-Entfernigs-Technologin – en Unrat-Entfernigs-Technolog

Nationalökonom:in e Nationalkomikerin – en Nationalkomiker

Palettenrolli en Hagahuwa *(Abk. für Handgabel-Hubwagen)*

Personal-Fachperson (HR) e Personal-Tante – en Personal-Unggle

Pfarrer, Priester eine vom Bodepersonal | en Chole-Sack | en Cherze-Schmelzer | en Chutteträger | en Chile-Maa | en Psalme-Rapper | en Pfaff | en Seele-Makler | en Seele-Cowboy | en Seelefänger | en Verkünder

Pflegefachfrau (eh. Krankenschwester) e Chrankedüüse | e Chittelschnitte | e chranki Schwöschter

Physiotherapeut:in es Chnätt-Müüsli

Pilot:in e Chräje-Domptöse – en Chräje-Domptör | e Flösseri – en Flösser

Polizist:in e Blaui – en Blaue | es Blauröckli | d Bulle | d Meitli oder d Buebe in Blau | en Bobby *(engl.)* | d Böögge | d Bullerei | e Chappe-Frau – en Chappe-Maa | en Chappe-Gloon *(engl. clown)* | e City-Förschterin – en City-Förschter | en Flic *(franz.)* | e Chugelschriiber-Pilotin – en Chugelschriiber-Pilot | en Gorilla-Blauarsch | e Königin – en König | en Lang-Fing-Fang *(ein Langfinger-Fänger)* | en Lang-Fing-Fang-Wau *(Polizeihund)* | Lang-Fing-Fang-Peng *(Polizei-Pistole)* | d Luusmeitli – d Luusbuebe | d Polänte | d Polüüpe | d Pozilei | e Politschuggeri – en Politschugger | en Polyp | e bewaffneti Pöschtlerin – en bewaffnete Pöschtler | d Rännleitig | d Schmier | en Schmierlatz | e Schrooteri – en

Schrooter | e Schuggeri – en Schugger | e Stadtmusikantin – en Stadtmusikant | es Streifehörnli | en Teckel | d Trachtegruppe | e Tschuggeri – en Tschugger | e Zolipischtin – en Zolipischt | d Zolipey | e blaui Briefträgeri – en blaue Briefträger *(Parkplatz-Kontrolleur:in)* | en Hilfs-Sheriff *(Parkplatz-Kontrolleur:in)* | es Zädel-Lisi *(Parkplatz-Kontrolleur:in)* | en Schlumpf *(Polizist:in in Demo-Montur)* | e Flüügendi – en Flüügende *(Polizist:in auf Motorrad)* | e Parkplatz-Schwalbe *(Verkehrspolizist:in)* | e Randstei-Gurke *(Verkehrspolizist:in)* | en Schmierlappe *(Streifenwagen)* | Klavier spile *(sich Fingerabdrücke abnehmen lassen)*

Polizei (hohe Präsenz) es isch Bulle-Wätter | da mues es es Näscht haa | d Schmier isch läufig

Polygraf:in e Pixel-Furzeri – en Pixel-Furzer

Porzellan-Isolator en Isolan-Porzelator

Professor:in de Häuptling | e oder en Prof | e oder en Prof. Dok. Sowieso

Psycholog:in, Psychiater:in e Büsiatrin – en Büsiater | en Büsikater | e Couchologin – en Coucholog | en Chlötzli-Tokter | en Hirnipick | en Physikater | e Psychatrin – en Psychater | e Psycho-Kathrin | e Seele-Klämpnerin – en Seele-Klämpner | en Seele-Tökti | e Tachteckeri – en Tachtecker

Reinigungskraft e Butzdüüse | s Mami | e Floor-Mänätscheri – en Floor-Mänätscher *(engl. floor manager)* | d Frau oder de Herr von der Putz | e Ruum-Kosmetikerin – en Ruum-Kosmetiker | e Ruum-Pflägeri – en Ruum-Pfläger | e Staubsuuger-Pilotin – en Staubsuuger-Pilot | e Hygiene-Technikerin – en Hygiene-Techniker

Redensarten (Arbeit) die tümmschte Puure händ die gröschte Herdöpfel | öpper bim Schaffe verwütsche *(spontaner Besuch am Arbeitsplatz)* | d Hose abelaa *(einen tiefen Preis machen, um einen Auftrag zu erhalten)* | Mach e Fuuscht, wänn d e kei Hand häsch *(etwas erreichen wollen, ohne über die notwendigen Mittel zu verfügen)* | das isch Lumpegschiir *(schlechtes Werkzeug)* | das isch Lumpewar *(schlechte Ware)* | das komische Gesetz *(das Ohmsche Gesetz)* | de Mischt isch gfüehrt *(wir habens geschafft)* | das isch Pfahlbouer-mässig *(instabile Montage)* | Team – Toll, en andere macht s! | de Töff starte *(PC starten)* | die haut, wie sie uusgseht *(über eine abgenützte Säge)* | es schmürzelet öppis *(wenn es nach einem Kurzschluss verbrannt riecht)* | e Zwätschge *(Fehler beim Rohrbiegen)* | Beck hetsch sölle werde, dänn chöntsch jetzt de Uusschuss sälber frässe *(bei der Fehlleistung eines Lehrlings)* | S Metzgermässer haut nöd guet – de Metzger isch en Toore-Bueb! | Tüend liefere und nöd lafere! | Wer nüüt wird, wird Wirt – und wer nüüt chan, gaht zur Isebahn | Wer nüüt wird, wird Wirt – und isch ihm das au nöd glunge, reist er uf Versicherunge | Nur wer nöd schaffet, macht kei Fähler! | Wo ghoblet wird, git s Spää

Sägerei e Brättlischnitzerei | e Holzverarbeitigs-Aastalt | e Sagi

scannen iiläse

Schreiner:in de Grimm | e Hölzigi – en Hölzige | e Holz-Sachbearbeiteri – en Holz-Sachbearbeiter | en Holzwurm

Schuhmacher:in d Schlaarpe-Güüsseri – de Schlaarpe-Güüsser | de Schueni

Schule (Fehlverhalten) naehocke *(nachsitzen)* | spicke *(bei einer Prüfung betrügen)* | en Tollgge *(Tintenfleck oder Fehlleistung)* | schwänze *(der Schule fernbleiben)* | Ströfzgi *(Strafaufgaben)*

Schule (Stufen) d Bez *(Bezirksschule)* | de Gymer *(Gymnasium)* | s Gymi *(Gymnasium)* | d Kanti *(Kantonsschule/Gymnasium)* | d Schüle | d Sek *(Sekundarschule)* | s Semi *(Seminar)*

Schule (Übertritt) gspickt werde *(Rauswurf)* | flüüge *(sitzenbleiben)* | hocke bliibe *(sitzenbleiben)* | usegheje *(sitzenbleiben)* | e Ehrerundi *(Wiederholungsjahr)*

Schule (Unterricht) s Franz *(Französisch-Unterricht)* | d Handsgi *(Handarbeit-Unterricht)* | d Rüebli-RS *(Hauswirtschaftsschule)* | d Chotzi *(Koch-Unterricht)* | Mathi *(Mathematik-Unterricht)* | d Relegiige *(Religionsstunde)* | Jodle *(Singen)* | d Ufzgi *(Hausaufgaben)* | de Unti *(Abk.)*

Securitas-Mitarbeiter:in en Miet-Bull | en Möchtegern-Krass | e Taschelämpleri – en Taschelämpler | e Pseudo-Tschuggeri – en Pseudo-Tschugger | e Securitässleri – en Securitässler | en Seckel-truurig-nass | en Hilfs-Sheriff

Sitzung en Höck

Sozialpädagog:in en Gspüürschmi | e Seele-Streichleri – en Seele-Streichler

Stellvertreter:in e Stell-Vertramperi – en Stell-Vertramper | en Ste-Vau *(Abk.)* | e Verweeseri – en Verweeser

Strassenwischer:in e Alphorn-Blööseri – en Alphorn-Blööser *(das Kinn auf den Besenstiel gestützt)* | e Halbchreis-Ingenieurin – en Halbchreis-Ingenieur | e Verchehrsfläche-Hygienikerin – en Verchehrsfläche-Hygieniker

Stress am Aaschlaag sii | es Chaos | es Geraffel | es Gstrütt | es Gstürm | vill um d Ohre | es Puff | Stretch | under Wasser sii | im Züüg sii

Team es Ratatouille | die einte wörked – die andere teamed *(Teamwork)* | Team – Toll, en andere macht s!

Teamsitzung e Chneblete | e Chnächte-Chneblete | e Eier-Schliifete | es Gspürschmi-Chränzli

Temporär-Mitarbeiter:in e Temperierti – en Temperierte | en Tempi

Tiefbau-Ingenieur:in en Muulwurf | en Grotte-Olm

Tierärztin/Tierarzt de Köfferlimuni | de Stifelmuni | en Vehtokter

unterschreiben es Autogramm gäh | en Chräbel under de Fötzel mache | en Chribbel mache | drüü Chrüüzli mache | signiere | schriibundere

Unterschriftsberechtigung (i. A. – im Auftrag) d Esel-Prokura *(wegen des Esellauts I-Ah)*

Urlaub machen Ferie mache | verreise | uf Balkonie gah *(zu Hause bleiben)* | IQ-Ferie (im Quartier) | SBB-Ferie mache (SBB: sünnele, bädele, bumse) | Uhu-Ferie mache (ums Huus ume)

vorbereiten, planen aagattige | aaleiere | aareise | aariisse | aateigge | aazettle | uf d Bei stelle | brättle | brittle | büschele | es neus Fass uufmache | iifädle | us de Finger suuge | ob haa | organiere | zämebaschtle | zämechüngele | uufgleise | uufschine | uufzieh | uusbrüete | Vorarbet leischte | zämebrösmele | zämestifle

Wirt:in e Beizeri – en Beizer | e Bewirteri – en Bewirter | e Chnellepfuuseri – en Chnellepfuuser | e Gaschthoferi – en Gaschthofer | e Gascht-Arbeiteri – en Gascht-Arbeiter | e Rescht-Amateurin – en Rescht-Amateur *(Restaurateur:in)*

Zahnärztin/Zahnarzt e abverheiti Ärztin – en abverheite Arzt | e Bohrmeischteri – en Bohrmeischter | e Töggeli-Bohreri – en Töggeli-Bohrer | e Töggeli-Frau – en Töggeli-Maa | en Schnauze-Mech | en Schnurre-Mech | e Schnurre-Schlosseri – en Schnurre-Schlosser | en Zahni | e Zah-Metzgeri – en Zah-Metzger | e Zah-Schlosseri – en Zah-Schlosser | e Zah-Versigleri – en Zah-Versigler

en Kiosk a de Eigernordwand haa

dumm sein

EIGENSCHAFTEN

abgenützt abetrampet *(Schuhe)* | abgfackt *(engl. to fuck)* | abgfigget | abgloffe *(Schuhe)* | duregriitet | uusgfranslet | uusglaatschet *(Schuhe)* | uusgliiret | verbruucht

abgerackert abegwerchet | abekrampfet | uusbrännt | verbruucht

am Limit a de Gränze | am Rand | am üsserschte Egge | am üsserschte Zipfel | uf de Gnepfi | uf de Kante | uf de Kippi | uf em Spitz | uf em Spitzgupf

Angewohnheit das chasch la patäntiere | das hanget dir aa wie Choigummi | e richtigi Gwonet | e Sou-Mode | en Stich | en Tigg | öppis sit 100 Jahr eso mache | es Möödeli | jedem Tierli sis Pläsierli *(franz. plaisir)*

ängstlich vergelschteret

anspruchsvoll de Foifer und s Weggli welle | d Nase höch ufe hebe | gschnäderfräässig | hochgchotzet tue | nobel tue

anstrengend eländ sträng | gääch | müehsam | schluuchig | struub

arm am Bättelstab | am Hungertuech gnage | amene lääre Chnoche gnaage | bi dene isch de Schmalhans Chuchi-Meischter

aufgeregt Häsch en Kabelbrand am Herzschrittmacher? | zablig

bedrohlich gschmuech | s Gwitter chunnt | unghüür

bereit parat | zwäg

dasselbe aslig | genau s gliich | ghupft wie gsprunge | Hans was Heiri | s Gliichligi | tupfed gnau s gliichi | voll dito

diesjährig hürig | i dem Jahr

dumm blöd wie Brot | chübelblöd | kein Strick verriisse | du bisch so tumm, das tuet scho weh | en Blächschade haa | en IQ vo drüü Meter Fäldwäg | en IQ wie-n-en Baumstamm | en IQ wie-n-es Seerose-Blatt | en Kiosk a de Eigernordwand haa | en Knick i de Fichte haa | es warms Joghurt im Hosesack haa | geischtig obdachlos | geischtig umnachtet | geischtig underbeliechtet | geischtig underbemittlet | geischtig underernährt | geischtig uusrangschiert | geischtig hösele | hirnblöd | meschugge | nöd ganz bache | nöd ganz hell uf de Platte | sibe Jahr Baumschuel und immer no en Pfahl | Stroh im Grind haa | tumm gebore, nüüt dezue glernt und erscht no d Helfti vergässe | tumm isch nume de Vorname | Tumm und fräch, das isch Päch! | tumm wie Bohne-Stroh | tumm wie drüü Meter Fäldwäg | tumm wie-n-en Liter Holz | tumm wie-n-es Joghurt | tümmer als es Kilo Sand | tümmer als es Stuck Brot | underbeliechtet | VW *(vollweich)* | z blöd zum Zigis hole – gheit uf de Ranze und verbüügt de Foifliber | z tumm zum Schiisse | z tumm zum Stei hüete

eifersüchtig eiersüffig | iifi | vergoischtig

eigenartig das chunnt mir spanisch vor | gspässig | komisch | kosmisch | kurlig | nöd ganz buschper | nöd ganz dursichtig | nöd ganz koscher | nöd suuber über em Niere-Stuck | quär | unsuuber

endlos bis änne Tubak | bis zum chrumme Drizähni | bis in ali Ewigkeit | bis Pfluume-Pfingschte

erschrocken verchlöpft | vergelschteret | tuuch

faul, träge bequäm | churzi Ärm haa | de Fuulpelz und de Liederli sind zwei schlächti Brüederli | öpperem schlaaft no s Gsicht ii | stinkfuul | z fuul zum s Füdli lupfe

fit, gesund buschper | uf em Damm | fit wie es Pomm-Fritt | fit wie en Turnschueh | zwäg

frech e chli forsch | e Rotzgumsle | gägsig | rotzfräch | schnodderig | schnuddrig | sone Gägsnase | üppig (Wird nöd üppig, Meitli/Pürschtli!) | vorluut

gefährlich es gaht as Läbige | gfürchig

gefleckt gflärrelet | gmüschterlet | gschägget | tigerlet

geizig gheblig | giitig | gnäpperig | schäbig

glücklich bi so glücklich – tralalalalaa – wänn i es Tässeli Kafi haa | d Ängeli singe ghöre | d Wöhli haa | da gaht der en Schuss ab | strahle wie-n-e Sune | strahle wie-n-es AKW | über all vier Bagge strahle | vögeliwohl

gut gelaunt Dir gaht s meini guet! | druff | d Sunne schiint mir us em Arsch | en richtige Sunneschii | fit | guet druff | iisi druff *(engl. easy)* | uufgstellt | zu allne Löcher uus strahle | zwäg

hässlich da seicht nöd emal en Hund draa | öpper isch zum abgwöhne | en wüeschte Grind – aber es Herz us puurem Gold | erdehässlich | erdewüescht | es ungattlichs Gsüün *(Gesicht)* | Geischterbahn – letschti Kurve | grässlich | gruusig | ranzig | wänn d die Person aaluegsch, wird d Milch suur | wo de lieb Gott d Schönheit verteilt hät, hät die Person i di falschi Chischte glanget

intelligent öpper hät s i de Bire – nöd im Füdli | eine i de Zentrale haa | en Einstein sii | en helle Siech | hell uf de Platte | öppis uf em Chaschte haa | super-gschiid

kaputt abeghueberet | es isch zu Hudle und Fätze | finito | futsch | gschlisse | gschlisse-verrisse | kaböres | putt | verrisse-verschisse

kinderleicht bubig | bubiliecht | das cha ja jede Löli | das machsch mit linggs | eifach isch de Vorname | tubeli-eifach | wirsch wohl drüü und drüü chöne zämezele

klebrig chlaaterig

locker, lose gwagglig | löölig | lugg | lödelig

missraten abverheit | abverreckt | für d Füchs | nöd glunge | voll versifft | völlig denäbet gange | völlig id Hose | völlig id Schueh

müde, erschöpft am Bode | Chani aalähne? | chasch mi rauche | chasch mi schüüfele *(ich bin todmüde)* | chuum meh d Bei lupfe chöne | d Luft isch dusse | d Schlüüch sind läär | dure | dure bi Rot | duuch | es gaht nüüt meh | fertig sii mit de Wält | fix und foxi | fladädi | flade | fläde | flocho | gaga | gschlisse | gschluuchet | halb-läbig | i de Brüch | i de Seil hange | ich han e Schiibe | im Arsch | im Loch | kabutt | kei Fiduz meh haa | kei Mumm meh haa | kübelet | lulo *(lustlos)* | mini Eier schliifed am Bode | nüme chöne | offline sii *(engl.)* | ohni Saft und Chraft sii | platt | proche *(gebrochen)* | putt *(Abk. von kaputt)* | säcke | schläbe | Schrott | sugo | Teigg | tilt | total gschafft | uf de Felge | uf de Frässi | uf de Schnäuz | uf de Schnurre | uf de Socke | uf de Stümpe | uf em Hund | uf em Zahfleisch laufe | uf Resärve | uusbrännt | uusglutschet | uusgwunde | voll am Arsch | voll dur de Wind | voll strapaziert | Wind i de Wüeschti haa | zur Sou

mutig Eier haa | Fiduz haa | Füdli haa | s Guraaschi haa *(franz. courage)* | Spoitz im Ranze haa

niederträchtig abgfackt *(engl. fuck)* | dräckig | miis bis soumiis | oberfiis | s Allerletscht | s Hinderletscht | underschti Schublade

niedlich herzig | lieb | schätzelig | schnüge | schnüggig | schnüsig | schnüslig | sülzlig

praktisch gäbig | gibi-gäbig | kumood *(franz. commode)*

sauer buschig | büschig | chratzig | düschter | öpperem isch e Flüüge über s Läberli kroche | gallig | gäzzig *(ital. cazzo)* | gnietig *(unzufrieden)* | grantig | grumblig | hässig | madig | mega-veruckt | muff | ranzig | rumpelsurig | sauer | steihässig | stinkig | stinksuur | uliidig | verkniffe | mit em falsche Fuess ufgstande | öpperem isch en Floh über s Läberli kroche | en Grind anemache | Machsch en Grind wie-n-e suuri Gurke | Mit dir isch hüt nöd guet Chriesi ässe | Häsch Galle-Stei? | e Luune wie drüü Tag Rägewätter | en Mutsch-Grind mache | en Mutsch-Chopf mache | en Stei mache | e Zwänzg-ab-achti-Schnure

schief chrumm wie de schiefi Turm vo Pisa | s hät Schlagsiite | s staht chrumm | schepps | schrääg

schnell gleitig | hurtig | pfupfig | rääss | rasant | rassig | tifig | weidli

schwindlig trümlig

sorgfältig, behutsam fiin | hübscheli | öppis mit Samethändsche aalange | schüüch | süüferli

stattlich chreftig | nahrhaft | robuscht | stramm | währschaft

stur bockig | e Betong-Bire | en härte Grind | en Stiere-Grind | en sture Siech | stur wie-n-en Esel

überrascht, verdutzt baff | da hät s mi hinderegstrählet | da stah wie-n-en klöpfte Aff | das hät mi käppelet *(den Hut vom Kopf genommen)* | das isch mer voll iigfahre | fascht e Herzbaragge überchoo | mir isch fascht s Herz stah blibe | platt | So-n-en Chlupf!

ungeschickt en Hauderi | en Schutzgatter | en Schutzli | en Spacko | en Spasti | es Gstabi | gstabig | nöd säje – es wachst ja sowiso nöd *(wenn jemand etwas fallen lässt)* | schutzlig | vercheert isch au lätz | zwei linggi Händ haa | zwei linggi Tüüme haa

unglücklich, deprimiert d Arsch-Charte zieh | d Muulegge la hange | daun *(engl. down)* | de Anti-Smeili mache *(engl. smiley)* | de Morelli haa | de Nussgipfel mache | duuch | en Lätsch mache | en Seeleschmätter haa | es Gsicht mache wie drüü Tag Rägewätter | im Iis-Chaschte sii | mit em lingge Bei uufstah | mudrig | rumpelsurig | schlächti Laguune haa | uf Depro mache | voll dune

unruhig chribelig | gischplig | hibbelig | uufgregt tue

unterdrückt under de Chnuute | under em Hammer | under em Joch | under em Stämpel | vertrampet | vertruckt

eine verfahrene Situation verbockt | verchachlet | verchnorzt | vermorxt

verlockend aamächelig | da chasch nume guene | da lauft eim de Saft im Muul zäme | da lauft eim s Wasser im Muul zäme | das gfiell mer au | das törnt mi aa *(engl. to turn on)* | es macht mi andersch | gluschtig | voll scharf | voll spienzlig

verrückt d Spinnerei Wollishofe | öpperem hät s uusghänkt | dure | dure bi Rot | dureknallt | en Spinnhafe | en Sprung i de Schüssle haa | en Stich haa | meschugge | nöd all Chüeh uf de Wise haa | nöd ganz bache | nöd ganz butzt | nöd suuber | nümm alli Hamschter im Ränne haa | Radiisli im Hirni haa | sie nöd all binenand haa | total gaga | voll s Brot verbrännt haa | z heiss badet haa

verwirrt de Birefigg haa | durenand | nüme ganz binenand | verhürschet | verliiret

wahnsinnig Burghölzli-riif | dure bi Rot | duretrület | gspune | hirnrissig | läbesmüed | stigelisinig | verruckt

weich, matschig pflootschig | pflüderig | pfluderweich | plütterig | schliimig

wertlos für d Füchs | nüütelig | es Schilte-Sibni

wütend aggro *(Abk. von aggressiv)* | am duretrigge | am duretrüle | am raschte | am träje sii *(am Durchdrehen)* | buschig | churz vor em Delirium | churz vor em Duretrüle | fuchstüfelswild | gallig | gasig | gäzzig *(ital. cazzo)* | grantig | hundstüfelswild | im Rote träje | muff | putzig | ranzig | rot vor Wuet | rot wie-n-en Stier | schnäller vo Null uf Hundert als en 911er mit Föhn *(Porsche Turbo)* | sich tödlich uufrege | stärne-hagels-verruckt | staubig | stinkhässig | stinkig | suur | uf 180 | voll uf Schuub | voll verruckt

en Rappe-Spalter
Geizhals

TYPEN

Akademiker:in e Alkademikeri – en Alkademiker | e Büecherschmöckeri – en Büecherschmöcker | e Gstudierti – en Gstudierte | e Intelelli vo de Unität – en Intelelle vo de Unität | e Obergstüüreti – en Obergstüürete | e Studiosa – en Studiosus

Alleskönner:in en Hans-Dampf | en Schöbi | en Sibesiech

alte Frau e alti Gumsle | e alti Jumpfere | e alti Schachtle | en Faltewurf | e Omammaa | en Schleedornhaag *(weisshaarig)* | es alts Güetsi | es alts Müeterli | es Fridhof-Gmües | es Grosi

alter Mann en alte Bock | en alte Chnoche | en Braschti *(Gebrechen)* | en Chlööni | en Chnorzi | en Gritti | en Grochsi | en Grufti | en Munggi | en Zittergreis | es alts Mandli

Angeber:in, Aufschneider:in e Blöfferi – en Blöffer *(engl. to bluff)* | en Blöffsack | en Blöffsiech | en Bräuli | e Chlotzeri – en Chlotzer | öpperem siis Ego bruucht e eigni Poschtleitzahl | e Hochgstochni – en Hochgstochne | en Liiri-Cheib | en Pfau | en Plagööri | en Praschalleri | en Schüümer | e Schuumschlegeri – en Schuumschleger | e Showeri – en Shower *(engl. to show)* | en Tauchsüüder | en Wasserchocher | e wichtigi Gsellin – en wichtige Gsell | en Wichtsack | Chumm vom hööche Ross obenabe! | Häsch d Latte z hööch ghänkt? | Häsch de Geewee *(Grössenwahn)*?

Angsthase en Hase-Fuess | e Hosegaggeri – en Hosegagger | en Höseler | e Hoseschiisseri – en Hoseschiisser | e Hoseseicheri – en Hoseseicher | en Hösi | e Memme | e Mimi | en Schiss-Chegel | en Schiss-Haas | e Zitterpapple

Bastler:in en Chlütteri

Besserwisser:in öpper hät d Wiisheit mit Löffel gfrässe | e Besserwüsseri – en Besserwüsser | en Bhaupti | en Einstein-Verschnitt | e Hochgstochni – en Hochgstochne | e Holzgrawatte-Frääseri – en Holzgrawatte-Frääser | e Klugscheisserin – en Klugscheisser | en Schnurri | e Sibegschiidi – en Sibegschiide

Brandstifter:in en Füürtüüfel | es Füürlichind | en Zeusler | en Zeuslihund

Brillenträger:in öpper hät es Nasevelo | e Brüle-Schlange | en Brüle-Heiri | en Brüle-Schaaggi | en Harry *(vom Romanhelden Harry Potter)*

Chaot:in en Liederli | de Käptn Chaos | öpper studiert nur vor d Füess *(plant nicht)* | e Puff-Lise | e Schlampe | en Puffalo-Bill

Chef:in d Befehlihündin – de Befehlihund | de Boss *(engl.)* | de Capo *(ital.)* | de Käptn | de Chefe *(span.)* | de gross Manitu | de Guru | de Häuptling | d Kontrollörin – de Kontrollör | d Meischteri – de Meischter | de Oberjehudi | de Obermotz | de Obermufti | de Schäriff *(engl. sheriff)* | d Scheffin – de Scheff *(franz. le chef)* | d Schinderi – de Schinder | d Tätschmeischteri – de Tätschmeischter | de Zampano

Couch Potato en Stubehöck

dicke Person öpper gseht de eigeti Schatte nüme | e Chäächi – en Chääche | e Feschti – en Feschte | es Füdli wie-n-es 1000fränkigs Praliné | es Möbel | e Mugle – halb Mänsch, halb Chugle | es Möckli | es Molli | guet polschteret | im Summer gitt öpper Schatte und im Winter warm | es Trampeltier | e Wurschtchueh

dünne Person en Mergeli *(ausgemergelt)* | en Räbel | en Zahstocher

Dummkopf es Beeri | en Blödel | en Blödian | e Chäs-Chappe | au keis Chileliecht | en Dödel | e Ghirnamputierti – en Ghirnamputierte | en Gips-Chopf | en Globi | en Gwaaggechopf | kei Halogenlüüchte | e Hohli – en Hohle | en Holzchopf | ein IQ weniger – und öpper wär en Randstei | e Joghurt-Nagleri – en Joghurt-Nagler | nöd di Hellscht – nöd de Hellscht | nöd di hellscht Cherze uf em Chueche | es Raabenaas | nöd di Schloischt – nöd de Schloischt | nöd s schärfschti Mässer i de Bsteck-Schublade | e Scheese | en Schwachchopf | e Spaghetti-Lismeri – en Spaghetti-Lismer | es Spatzehirni | es Taascheli | en Tätschchopf | e Teigg-Äffin – en Teigg-Aff | es Tolggehorn | es Toore-Meitli – en Toore-Bueb | en Totsch | e Trotüüle | en Tubel | tumm gebore, nüüt dezuegleert und alles wieder vergässe | öpperem lampet d Tummheit zu de Ohre uus | en Weggechopf | Jetz bisch nüün Jahr id Baumschuel und immer no en Pflock!

Egoist:in uf em Ego-Tripp | e Eigebrötleri – en Eigebrötler | sälber ässe macht feiss

Ehrendame e Gladiole-Hänne | e Schmatz-Gummsle

eigenartige Person en Chnuschti | en Knorrli

empfindliche Person en Ehre-Chübel *(rasch beleidigt)* | es Finöggeli | es Gnägi | e Heikli – en Heikle | es Mimöösli | es Sensibeli

Faulpelz e Fuulänzeri – en Fuulänzer | en fuule Sack | en fuule Siech | en Hudilump | e Siebeschlöferi – en Siebeschlöfer

Fiesling e Arschgiige | en Dräcksack | e Hinderrücksleri – en Hinderrücksler | e miisi Hündin – en miise Hund | e fiisi Ratte | e eländi Schnattere | e falschi Schlange | en fertige Schlufi | en Seckel | en Souhund | e Wanze

Frauenheld en Casanova | a dem bliibt jedi chläbe | er hät a jedem Finger zäh *(zehn Frauen)* | en Fraue-Jeger | de Gogg im Goggeligoo | sis Hobbi isch d Balz | en Scharmör *(franz. charmeur)* | en Schigolo | en Stächer | en Uufriisser | en Wiiberheld | en Wiiberschmöcker

freche Person en Frächdachs | en Süchel

Fremdgänger:in en Nuttebock | en Schlampehobel | en Sausewind

fürsorgliche Frau e Gluggere

Geizhals öpper cheert de Foifer zweimal um | e Bätzeli-Hockeri – en Bätzeli-Hocker | en Chlämmerli-Sack | e Chnuppe-Saageri – en Chnuppe-Saager | e Foifer-im-Arsch-Chrümmeri – en Foifer-im-Arsch-Chrümmer | en Giiz-Chrage | e Giiz-Gnäpperi – en Giiz-Gnäpper | e Rappe-Chlämmeri – en Rappe-Chlämmer | e Rappe-Spalteri – en Rappe-Spalter | e zämehebigi Sou-Äffin – en zämehebige Sou-Aff

gutmütige Person en Goiggel | en guete Tschooli | en liebe Siech

Hip-Hopper:in es Chäppli-Meitli – en Chäppli-Bueb | es Fubu-Meitli – en Fubu-Bueb | en Gangsta | en Gängschter | en Hueresohn | en Hüfthüpfer | es Hiphop-Meitli – en Hiphop-Bueb | en Hose-Stolperer | en Pimp | en Shit-Hopper | es Windle-Meitli – en Windle-Bueb

Hippie en Baum-Umarmer | es Bluemechind | e Blüemlischmöckeri – en Blüemlischmöcker | e Gras-Heizeri – en Gras-Heizer | en Reserve-Heiland | e Woodstöckleri – en Woodstöckler

Intrigant:in e Dräckschlüüdere | en falsche Füffzger | e Giftsprütze | en Intrige-Heiri

Irre:r öpper hät en Egge ap | öpperem hät s is Hirni gschisse | e Duregheiti – en Duregheite | e Gstöörti – en Gstöörte | en Stei-Chehrer | e Spinneri – en Spinner | e Spinnwinde | en Spinnsiech | en Spinnhafe | en Spueli | en Sürmel | e Wäbstübleri – en Wäbstübler | en Weichbächer

Jammerlappen en Brüel-Lätsch | e Jammerchrääze | e Jammerchrächzi | es Jammerfüdli | en Lätschgrind | e Schluchzgi | öpper hät kein Spoitz im Ranze | e fertigi Susi | Tuesch Käthle? | es Weichei

Ja-Sager:in en Nicki *(wegen dem ständigen Nicken)*

Jetsetter:in öpper isch a jedere Hundsverlochete debii | es Markefuzzi | e Meh-Besseri – en Meh-Bessere | en feine Pinggel | en Schicki-Micki

Klatschmaul es Amtsblatt | s Äxtrablatt | es Bäsi | d Dorf-Trumpeete | d Dorf-Ziitig | e Dorf-Rätschi | s Echo vom Albis | s Echo vom Züriberg | e Frisch-ab-Präss | e Plaffere | en Rätschbäse | en Schnurri | es Schnurriwiib | en Schwafli | en Schwätz-Bäse | s Tagblatt | e Tschätterbäne

kleiner Mann en Bodesuri | en Bonsai | en Zwasli | en Zwerg | en Zwisel

kluger Kopf öpper hät öppis uf em Chaschte | es Chileliecht | öpper hät eine uf de Gitarre | nöd uf de Grind gheit | es gschiids Chöpfli | es gschiids Huus | e Intelligänzbeschtie | es Riesehirni | e Schlaumeieri – en Schlaumeier | es Superhirni | nöd die oder de Tümmscht

komplizierte Person en Komplikaschter

langsame Person öpper cha bim Laufe d Schueh binde | d Prinzässin Valium – de Prinz Valium | öpperem schlaaft s Gsicht ii | e lahmi Änte | e Liimtuube | e Schlaftablette | e Ehre-Bärneri – en Ehre-Bärner | en Lahmarsch | e Lahmsüüderi – en Lahmsüüder | en Lamaaschi | e Mählsüüderi – en Mählsüüder | en Schlendrian | en Schnaagi | en Schnägg | en Sürmel | es Valium | Mues i di stosse oder zieh?

Langweiler:in e Aa-Ööderi – en Aa-Ööder | e Antiquitäte-Händlerin – en Antiquitäte-Händler *(erzählt Altbekanntes)* | e Schlaftablette

Lausemädchen/Lausbub en Bängel | en Filu *(franz. filou)* | e Luuseri – en Luuser | es Luusmeitli – en Luusbueb | en Schlingel | e Schlawineri – en Schlawiner | en Strick | en Striizi

Liebhaber:in von Süssigkeiten en Chröömli | en Schläckbäse | es Schläckmuul | es Schoggimuul | e Süessi – en Süesse | es Zuckermüüli | es Zucker-Soili

Links-Alternative:r öpper isch Chupfer-Wulle-Bascht | öpper Handglismets | öpper Sälberglismets | en Öko-Zipfel

Lügner:in, Betrüger:in die oder de lüügt ja scho, wänn sie oder er s Muul uufmacht | öpper lüügt wie truckt | en Bschiissi-Siech | en falsche Füffzger | e falschi Hündin – en falsche Hund | e falschi Tüüfelin – en falsche Tüüfel | e Gaunerin – en Gauner | en Habasch | e Ineleggeri – en Inelegger | e Lüüge-Baronin – en Lüüge-Baron | en Lüügi-Siech | e Schweine-Prieschterin – en Schweine-Prieschter

Macho en Bruschthaarsünneler | en Egofurzer | en Hormonbüffel | en Macker | en Pascha | en Teschtosteron-Gorilla | en Teschtoschteron-Junkie

mürrische Person en Brummli | en Chnulleri | en Hässelcheib | en hässige Cheib | en Möff | | en Motzchopf | en Mutschligrind | en Nörgeli | en Rumpelsurri | en Sürmel | en Surrimutz | en suure Mocke | en suure Stei | e suuri Gurke | e fertigi Suurbräme | en Suurteigg | Häsch Essig trunke? | öpper macht en Grind wie zäh Tag Rägewätter

neugierige Person öpper streckt sini Nase i alles ine | e Gwundernase | e Gwundertüüte | en Gwunderfizz | en gwunderige Cheib

Nichtsnutz e Banane-Büügeri – en Banane-Büüger | e Fläsche | e Flüügefängeri – en Flüügefänger | e Pause | e Sauna i de Sahara

Nonne en Pinguin | en Teckel-Schnägg

Normalverbraucher:in e Brot-Ässeri – en Brot-Ässer | e Büezeri – en Büezer | s Fuessvolk | ISO 08/15 | en Mittelständleri – en Mittelständler | de Mob | en Normalo | en Normalööli | e Normalsterblichi – en Normalsterbliche | de Pöbel | de Plebs *(von Plebejer)* | e oder en Sti-No *(von stinknormal)*

Obdachlose:r en Gloschaar *(franz. clochard)* | en Hürbinüeler | e Landstriicheri – en Landstriicher | e Lumpazia vagabunda – en Lumpazius vagabundus | e Penneri – en Penner | e Platteschieberi – en Platteschieber | e Vagabundin – en Vagabund | e Vogelfreji – en Vogelfreie

Pedant:in e Ärbslizelleri – en Ärbslizeller | es Exäkteli | e Gnaumeieri – en Gnaumeier | e Tüpfli-Schiisseri – en Tüpfli-Schiisser | päpschtlicher als de Papscht

Psychopath:in en Problem-Huufe | en Psycho

Querulant:in e Jammerchrääze | en Motzer | en Motz-Cheib | e Motz-Griite | e Motz-Tüte | en Nääggi | e Nervesaagi | en Revo-Fuzzi | en Revoluzzer | en Stänkeri | en Stürmi-Grind | en Stürmi-Cheib | en Stürmi-Siech | en Sürmel | en Stänkerer | en Stürmi | en lätz gfäderete Siech | en Wäffeli

Rüpel:in en fräche Chog | en unghoblete Dräcksack | e Ellebögleri – en Ellebögler | en Pflock | en Ruech | en Schnuderi | en Souhund | en fräche Siech | öpper frisst s letscht Guetzli us de Büchse | öpper hät de Aastand au nöd mit Löffel gfrässe | öpperem mues mer na Aastand leere | de Knigge isch für öpper es Fremdwort | öpper isch die erschte 50 Santimeter im Zoo uufgwachse | Bisch mit em Helikopter dur d Chinderstube?

Schaulustige:r en Gaffer | en Glotzchopf | en Sänneball | Alli Affe gaffed! | Häsch Muul-Affe feil?

Scherzkeks en glatte Cheib | en glatte Siech | en Gspassvogel | en Witzbold | Häsch en Gloon *(engl. clown)* gfrässe? | Häsch Gigeli-Suppe gha? | Häsch i de Witzchischte gschlaafe? | immer luschtig, immer froh, wie de Mops im Paletoo *(franz. paletot)*

Schlitzohr en Filu *(franz. filou)* | e Heimli-Feissi – en Heimli-Feisse | e Puureschlaui – en Puureschlaue | e Schlau-Meieri – en Schlau-Meier | e Zähmal-Gschiidi – en Zähmal-Gschiide

Schmeichler:in e Anal-Akrobatin – en Anal-Akrobat | e Arsch-Chrüücheri – en Arsch-Chrüücher | e Arsch-Läckeri – en Arsch-Läcker | e Maschtdarm-Akrobatin – en Maschtdarm-Akrobat | e Puggleri – en Puggler *(bückt sich vor allen Höhergestellten)* | e Schliimeri – en Schliimer | e Velofahrerin oder en Velofahrer – tramplet nach abe, hechlet nach ufe | öpper hät e bruuni Zunge

Schreihals en Brüeli | en Göissi | en Grööli

Schussel es Bäbi | e viereggigi Banane | e Bewegigs-Legaschtenikeri – en Bewegigs-Legaschteniker | es Bewegigs-Tubeli | es Chüechli | en Dib-däbi | es Gstabi | en Hauderi | es Joggeli | en Schutzgatter | en Schutzli | en Spacko | en Spasti | en Stäcke | en Tramp-is-Mues | en Trampli | es Tummerli

Schwächling es Abzieh-Bildli | e Badhose | e Beckerand-Schwümmeri – en Beckerand-Schwümmer | e Berguuf-Brämseri – en Berguuf-Brämser | es Blüemli | es Bräzeli-Meitli – en Bräzeli-Bueb | e Bügel-uf-em-Sässellift-Schlüüsseri – en Bügel-uf-em-Sässellift-Schlüüsser | e Cappuccino-Trinkeri – en Cappuccino-Trinker | e Chreisel-Linggs-Blinkeri – en Chreisel-Linggs-Blinker | e Feschtnetz-Telefoniereri – en Feschtnetz-Telefonierer | e Gartefäscht-Boxeri – en Gartefäscht-Boxer | es Häneli | en Löffel | e Memme | e Mimose | e Panasch-Suuferi – en Panasch-Suufer | e Pantoffelheldin – en Pantoffelheld | en Pinguin | es Pflänzli | e Pfluume | e Rehstreichleri – en Rehstreichler | es Schwächeli | e Schatte-Parkiererin – en Schatte-Parkierer | en Schlappschwanz | e Schnägge-Uufläseri – en Schnägge-Uufläser *(naturverbunden)* | en Sitzpinkler | en Troche-Rasierer | e Vorwärts-Parkiereri – en Vorwärts-Parkierer | e Warm-Tuscheri – en Warm-Tuscher | en Weich-Bächer | e Weichi – en Weiche | es Weich-Ei | en Weichschnäbeler | e Wellness-Wuche-Buecheri – en Wellness-Wuche-Buecher | en Wösch-Lappe | e Zwüschet-de-Zeche-Tröchneri – en Zwüschet-de-Zeche-Tröchner

Schwätzer:in e Aazünderi – en Aazünder | öpper hät es Buech gfrässe | öpper hät Buechstabe-Suppe gfrässe | öpper hät geischtige Durchfall | en Goiferi *(giftig)* | en Laferi | en Lall-Chopf | en Liiri-Cheib | en Plagööri | en Plapperi | en Plauderi | e Plaudertäsche | en Plodderi | e Quassel-Strippe | e frächi

Röhre | e Schnabelwetzeri – en Schnabelwetzer *(Schnellsprecher:in)* | e Schnurre wie-n-es Maschinegwehr *(Schnellsprecher:in)* | öpper hät de Schnurrepflutteri | en Schnurri | en Schnurri-Cheib | e Schnurri-Hündin – en Schnurri-Hund | en Schwafli | en Schwätzbäse | en Schwauderli | en Sprützi

Spiesser:in es Bräveli | en Bünzli | e Chliikarierti – en Chliikarierte | en Fübü *(Füdli-Bürger:in)* | en Hoselotteri | e Tüpfli-Schiisseri – en Tüpfli-Schiisser

Störenfried en Driischnurri | en Inemischi | e Plaag-Äffin – en Plaag-Aff | en Plaag-Geischt | en Stöör-Geischt | en Zwüschetine-Funki

Strahlefrau/Strahlemann en Glänzi

Sympathikus e Gueti – en Guete | e Lässigi – en Lässige | es Mutzeli | en Symp | e Zwägi – en Zwäge | mit öpperem chan mer go Ross stähle

Teenager:in en Backfisch | es Hormonschuub-Baby | öpper isch no grüen hinder de Ohre | öpper stinkt no nach Muettermilch | es Pubertier | e Pubertiereri – en Pubertierer | e Sandchaschte-Rockeri – en Sandchaschte-Rocker | en junge Schnuderi | öpper chan nonig graduus seiche | en junge Spunt

Trinker:in, Alkoholiker:in en Alki | es Fass ohni Bode | e Hülsechlöpferi – en Hülsechlöpfer | en Schluck-Spächt | en Schnaps-Bagger | en Schüttstei | en Süffel | e Süüferin – en Suufer | en Suufludi

unzuverlässige Person es Fähndli | uf die oder de würdi kein Foifer wette | vorne hui und hine pfui | en Hotsch | en Luftibus | e Schlampe | e Schmuddle

Verräter:in en Rätschbäse | e Tädderli-Chatz – wiiss und schwarz

Versager:in, Verlierer:in e Fläsche | e Flopperi – en Flopper *(engl. flop)* | e Fluusche | öpper landet na bi de Heilsarmee | en armi Hütte | e Pfiiffe | e Pfluume | e Pfunzle

vife Person en Fux | e Gfitzti – en Gfitzte | e Schlaumeieri – en Schlaumeier | en Speedy-Gonzales | en Striizi

Widerling en Chotzbrocke | en Chotzpfoschte | Chrabelzüüg *(als Mehrzahl)* | en Dräcksack | en Grüsel | en Güselchübel | en Soiniggel | e Wüeschti – en Wüeschte | bi öpperem hät de lieb Gott Fiirabig gha

Zappelphilipp es Fägnäscht | en Foif-Stern-Hüppi | en Gischpel | es Rutschfüdli | en Zabli | en Zwaschpli

Zicke es Chlöpfschiit | e Chratzbürschte | e Motzarella | es Rääf | en Stögi

en Mugge-Furz

ganz wenig

BEWERTUNG

Blödsinn en fertige Chabis | Chutzemischt | en Firlifanz | en Hubeligug | en Hudipfupf | en Hugipfupf | en Humbug | en Quatsch mit Brot | en Quatsch mit Soosse | en Schmarre | en Schnabelkack | en Seich | en uuhuere Mischt | es uufgstänglets Löölizüüg | Fudimangöggis | Huulibambuuli | Löölizüüg | Papperlapapp | Pfiiffe-Chabis-Chäs | Pipifax | Schiissdräck

daneben, verwerflich abartig | chrankhaft | das gaht uf kei Chueh-Huut | gschämig | näb de Schueh | under jedem Hund | under jedere Sau | uusgschämt | weich

eine schlechte Idee en Blaascht | en Chäs | en Flop | en Furz | e Furzidee | en Gääg *(engl. gag)* | en Gugus | e Mugge | e Panne | en schöne Riifall | en Sääk (en Seich) | en Schmarre | e Schnapsidee | en Schotter | en Schrott | en Seich | en Witz

falsch andersch gfädlet | anderschume | en Fisch | irrig | lätz | richtig isch andersch | verchehrt | verchehrt statt lätz

ganz wenig es birebitzeli | es bitzeli | es Mü *(aus der Mathematik)* | es Mikro-Mü | es Mini-Mü | en Mugge-Furz | es Mugge-Seckeli | en Mümpfel | es Mümpfeli | es Nüüteli | e Schnoigge voll | es Schnoiggeli *(ganz wenig in den Mund nehmen)* | e Schnurre voll | en Spoitz in See | weniger als nüüt

grosses Stück en Chlobe | es Kilo | en Mocke | en Schole | e Tonne

gut AC *(affen-cool)* | affegigelgagelgeil | ATG *(affe-titte-geil)* | atomar | atomgeil | big piktschr *(engl. big picture)* | boimig | bombastisch | cool *(engl.)* | d Kröönig | da bringsch de Kiime nüme zue | da gönd der d Schüss ap | da gönd dir d Schüss farbig ap | da haut s der d Schuehbändel uuf | da haut s dir de Sack id Wüeschti | da rollt s der Zächenegel ufe | das bringt s | de absoluti Hit | de füdliblutti Wahn | de Hammer | de Hit | de Wahn | doppio cremo | e Bombe | e grobi Sach | elefantös | en Strassefäger *(kultureller Anlass)* | extremadura | fänzi *(engl. fancy)* | frääsig | fromm | gääch | gedige | geil | genial | gfährlich | gierig | gröber | gschmeidig | gül *(geil)* | HC *(engl. hardcore)* | heiss | herremässig | intergalaktisch | Isch kauft! *(aus der Börsensprache)* | jensiitig | krass | lässig | magmafett | mattig | mega | nice *(engl.)* | optimatütterli | perle | perlitos *(Pseudo-Spanisch)* | phenomatös | plüschig | s Bescht vom Beschte | s isch Gält *(aus der Börsensprache)* | scharf | sidefiin | stabil | starch | stinkaffeseichgeil |

super | suuber | tiptop | tschent | tüür | ultimo cremo | verschärft | voll de Börger *(engl. burger)* | voll de Börner *(engl. to burn)* | voll de Bringer | voll edel | voll Schoggi | voll zfride | vom Allerfeinschte | vom Fiinschte | zum Schüüsse

Hirngespinst e Flause | en Furz | e Furzidee | e Spinneritis

Krönung, Höhepunkt ali Nüüni *(vom Kegeln)* | da gahsch id Chnüü | da leisch di flach | da machsch s Gipfeli | da seichsch in Ofe | de Hämme *(von Hammer)* | de Hit | en Sächser im Lotto | s Gääli vom Ei | s Tüpfli uf em i

Respekt! Alli Zähni! | Alli Achtig! | Chasch nume na stuune! | Da cha me nöd muule! | Da chasch nüüt säge! | Da muesch ja stramm stah – Hand ad Hosenaht! | Das chönnt i au nöd besser! | Freude herrscht! *(Zitat von Adolf Ogi)* | Heiland-Tunner! | Huere-Siech-nomal! | Huet ab! | Ja du heilige Bimbam! | Ja hör! | Jetzt schlaat s Zwölfi! | Läck du mir! | Läck mer am Tschoope! | Läck, Bobby! | Momoll! | Nöd schlächt, Herr Spächt! | Nüme nüüt! | Potz Blitz! | Potz Holzöpfel und Zipfelchappe! | Potz liebe Gödel! | Potztuusig! | Prima – primissima! | Sapperlott! | Schapoo! *(franz. chapeau)* | Sibe Sioux! | Sternefoifi! | Tuume ufe!

schlecht ätzend | balla | bireweich | brief *(aus der Börsensprache: Ich kaufe nicht)* | chalt wie im letschte Winter | chalte Kafi | Chopf ap! | da chasch mi filme | da chum i Püggel über | da schlaaft mer s Gsicht ii | das chasch rauche | das hät scho min Grossvater uf em Häfi pfiffe | das haut au d Eskimo nöd vom Schlitte | das intressiert mi wi de Schnee vor 30 Jahr | das isch de Wucherückblick für d Schwiizerinne und Schwiizer im Ussland | das isch spanend wie-n-es Glas Wasser | das isch spanend wie-n-es Telifonbuech – vill Lüüt und wenig Handlig | das mues i nöd haa | de isch no vom Winkelried | denäbet | dure (bi rot) | duss *(für Leute und Dinge, die nicht in sind)* | ehrelos | eländ | en Kack | für d Chatz | für d Füchs | für d Grossmuetter | für d Müüs | gaga | ghetto | gib i *(aus der Börsensprache: Ich verkaufe)* | Gips | grufti-mässig | Hafe-Chääs | hohl | id Hose | intressant – wie wänn z China en Sack Riis umgheit | mir löscht s ap | mit dem chasch mi jage | mit dem locksch kein Floh hinder em Ofe füre | Müll | näb de Schueh | null-acht-füfzäh *(eh. Maschinengewehr aus dem 2. Weltkrieg)* | öhig | ouwer *(engl. over)* | s gaat mer uf d Eier | s gaht mer am Arsch verbii | s isch e tummi Gschicht | s isch Fredi | s isch zum Pfiiferauche | shit *(engl.)* | schitter | Schnee vo geschter | Schrott | stier | stuss | toti Hose | überflüssig | verbii | voll gschisse | weich | Wotsch nöd emal d Platte wächsle? | zum Abwinke | zum Haaröl seiche | zum Schiisse

sehr affe- | affetitte- | atom- | brutal- | cheibemäässig | em Tüfel es Ohr ap | enorm | erde- | extrem | fade- | giga- | grausam | hammer- | huere- | hyper- | irre | ise-chüel | mega- | millione- | mimonschter- | mordsmäässig | multi- | nuklear- | obenuus | ober- | oberaffetitte- | riise- | sack- | schampaar | schürli | schüüli | schwer | steil | tierisch | todes- | top- | turbo- | uuu- | ultra- | unghüür | üsserscht | uuhuere- | uuhüüne- | uurüüde- | wahnsinnig | wuchtig

sehr gut abartig | andersch | arschgeil | brutal | brutös | da verrecksch | da verrecksch im Schatte | de füdliblutt Wahnsinn | de Hammer | erdegeil | es isch eis z vill | Fedi-mässig *(wegen Roger Federer)* | geil | hennegeil | höllegeil | homogen | hueregeil | maximal | s blutte Maximum | mega | obenuus | oberhammer | porno | prima-primissima | sackstarch | superduuper | supitrupi | suppi *(super)* | verreckt | s Zähni

sehr viel abartig vill | huerevill | en Huufe | hüüfewiis | kilowiis | megamässig | wie-n-e Moore | e ganzi Schwetti | e Tonne | tonnewiis | zentnerwiis

vollständig alles zäme | ganz und gar | de hinderscht und einzig | ratzebutz | rübis und stübis | mit Stumpf und Stiil

em Tüüfel es Ohr ap
bis zum Geht-nicht-mehr

SMALL TALK

abgemacht d Hand druff | das isch en Diil *(engl. deal)* | häsch mis Ehrewort | isch buechet | isch gebongt | isch gritzt | isch i. O. *(in Ordnung)* | isch kauft | isch paletti | isch tilt | Jawolle, Frau Holle! | ok | okäi | okei | ökk | oukidouk | söll gälte

Alles klar? Alles Banane? | Alles da im BH? | Alles i de Hose? | Alles im Öl? | Alles Oki-Doki? | Alles iisi in Brindisi? *(engl. easy)* | Alles klar a de Bar? | Alles klar in Sansibar? | Alles klar, Waldemar? | Alles kuul in Istanbul? *(engl. cool)* | Alles Rodscher in Kambodscha? | Alles paletti? | Alles picco-bello? | Alles rädi? *(engl. ready)* | Bisch fit im Schritt? | Bisch gstige? | Buechsch es? | Capische? *(ital.)* | Chunnsch druus? | Chunsch druus, Bluemestruuss? | Chunsch druus, Flädermuus? | Chunnsch naa? | Funkzionaglet s? | Gsehsch de Pögg? *(engl. puck)* | Häsch s am Fass? | Häsch s intus? | Häsch s tschägget? *(engl. to check)* | Hät d Ample uf Grüen gschalte? | Hät s griffe? | Iisi Portugiisi? *(engl. easy)* | Isch de Foifer abeghejt? | Isch de Zwänzger abeghejt? | Isch es ine? | Isch s kläre? | Pöggsch de Tschegg? | Schmöcksch de Böögg? | Schmöcksch de Töff? | Schnallsch es? | Tschäggsch de Pögg?

alles Mögliche alle Cheibs | alle Gugger | alle Tod und Tüüfel | en fertige Mischmasch | jeene Schiissdräck | jeenschtes | vo allem e chli | vo allem öppis – aber nüüt rächts

Beeil dich! Aber hoppla! | Avanti! *(ital.)* | Avanti dilettanti! | Avanti Savoja! | BWS (beed Wääg seckle)! | Chunnt s dänn öppe? | Gib e chli Gas! | Hüt no! | Mach fürschi! | Nimm di Hindere füre!

bis zum Geht-nicht-mehr bis à gogo | bis an Bach abe | bis an Haag abe | bis äne Tubak | bis d Flinte raucht | bis d Ohre gwaggled | bis s Hirni rüücht | bis zum Abwinke | em Tüüfel es Ohr ap | uf tuusig und zrugg

bitte bissoguet | mach schön Bitti-Bätti *(bei Kleinkindern)* | Vergält s Gott! | wänn Si wänd so guet sii

Da liegt der Hund begraben Da tropft de Hahne

das Du antragen Duzis mache | Hämmir zäme Soi ghüetet? *(wenn man überraschend geduzt wird)*

Das eilt nicht chum i hüt nöd, chumi morn | eis nach em andere wie z Paris | es lauft der nöd devoo | morn isch au no en Tag | nimm der alli Ziit vo de Wält | nume nöd gsprängt

Das ist mir egal Airolo-Göschene *(der Inhalt geht zum einen Ohr hinein und zum andern hinaus – wie beim Gotthard-Tunnel)* | Das gaht mer chalt am Arsch verbii | Das gaht mir da ine und deet use | Das intressiert mich en alte Furz | Das isch mer Hämp wie Hose | Das isch mir füdi-fädi-gliich | Das isch mir schiissegliich | Das isch mir schnuppewurscht | Das isch mir so lang wie breit | Häsch jetzt meh Haar? | Häsch kein Coiffeur – chasch es dem verzele! | Ich gib dir 50 Rappe – lüüt öpperem aa, wo s intressiert | S isch mir Hans was Heiri | S isch mir schnuppe | S isch mir schnurz | Und jetzt bisch zäh Meter gwachse? | Und jetzt häsch meh Legos? | Weisch, wo chratzt s mi? | Wo isch de Bus – mit de Lüüt dine, wo s intressiert? | Wo isch er – de, wo s intressiert?

Das ist offensichtlich Das gsehsch ohni Brüle | Das gseht en Blinde – ein Kilometer gäg de Wind | Das gseht jede Löli | Das gseht me vom Schiff uus | Das isch ja klar wie Gülle | Das liit uf de Hand

Das ist unglaublich! Da chunnsch Vögel über! | Da gahsch abe! | Da gahsch abe wie-n-en Schindler-Lift! | Da gahsch abe wie-n-en weiche Chäs! | Da gahsch am Stock! | Da gheit der ja de Roscht ap! | Da gönd der d Schüss i d Lümpe! | Da haut s dir de Nuggi use! | Da haut s de Stöckli us de Söckli! | Da haut s der de Zapfe use! *(Tampon)* | Da laht s der grad de Latz abe! | Da lupft s dir de Schlammteckel! | Da mach i de Pfau! | Da rollt s dir ja grad d Söckli abe! | Da seichsch in Ofe! | Da spoitzt ja scho s chliine Männli im Chopf! | Da strählt s di hindere! | Da verrecksch im Schatte (so heiss isch es)! | Da wird mer ja de Same flockig! | Das chasch nöd bringe! | Das gitt mer öppis! | Das glaubt der de stärchschti Maa nöd! | Das hät mir schier de Gong gäh! | Das haut di d Schiissgass durab! | Das haut mi um! | Das haut sogar s Hörnli vo der Eiche! | Das isch anal! | Das isch de puuri Wahnsinn! | Das isch ja s Maximum! | Das isch zum Flocke goisse! | Das litzt dir d Zeje-Nägel ume! | Das nietet mi um! | Das schellt mi! | Das schletzt mer grad de Sack id Wüeschti! | Derbe Shit, Alte! | Du heiligs Verdiene! | Du verbrännti Zeine! | Du verreckti Zeine! | Es isch zum Gummibärli uuspeitsche! | Es isch zum Hüehner sattle! | Es isch zum Träne furze! | Guet Nacht am Sächsi! | Hoppla Schorsch! | Huere-Sack nomal! | Ich bepiss mi! | Ich ha schier de Pfau gmacht! | Ich han fascht in Tisch bisse! | Ich legg es Ei! | Ich schiiss en Goldfisch! | Ich schiss en Igel – nei, zwei! | Ich verreck! | Ich wär schier gstorbe! | Jemmers au! | Jetz isch aber de Zapfe-n-ap! | Lääck! | Läck Beck! | Läck mer am Gnagi! | Läck mir doch am Arsch! | Mich biisst de Pleitegeier! | Mich haut s us de Socke! | Mich haut s vom Stüehli! | Mich teeret s! | Mir butzt s d Scheu-Klappe! | Mir gaht s Mässer im Hosesack uuf! | Nei, wägerli au! | Oh du verbrännti Zeine! | Oh jemineh, Frau Portmonee! | Potz Milione! | S isch zum Chnöche chotze! | S isch zum Chrischtbaum-Chugle furze! | S isch zum Figure chotze! | S isch zum Haaröl seiche! | S isch zum Müüs mälche! | S isch zum Öl lisme! | S isch zum Rasierklinge brünzle! | Sack Marroni! | Schwätz kei Bläch! | Späck und Bohne – Potzmillione! | Stäckedööri nomal! | Stärnebütschgi! | Stärnefüdli! | Tschau Bäse! | Ui nei! | Verreckte Cheib! | Wettsch mi verfüdle?

Das spielt keine Rolle Das chunnt nöd druff aa | Das isch Chrut was Chabis | Das isch doch ghüpft wie gsprunge | Das isch doch Wurscht | Das isch einewäg | Das isch en Schnurzfurz | Das isch ghaue wie gstoche | Das isch Hans was Heiri | Das isch Näbedsach | Das macht de Braate au nöd feiss | Das macht doch nüüt | Das spilt doch kein Tango | Das spilt kein Rugel | so oder so

Dein Reissverschluss ist offen! Häsch d Apothek offe? | Häsch de Kiosk offe? | Häsch Durchzug? | Häsch s Büro offe? | Häsch s Loch offe? | Isch das e liladig? | Isch dini Mueter chrank? | Isch er gstorbe? | Mach din Hoselade zue – es fischelet!

eine klare Sache e sicheri Sach | en Uufgleite | klar wie Güle | kläre | logo | sicher scho | so klar wie unsichtbar

einverstanden Natütterli, Frau Gütterli!

Entschuldigung Äxgüsi | Äxgüsi, Frau Büsi! | en Schludige giged Sie mich | Entschludigung | Excusé | nüüt für unguet | nüüt für Ungarn | Pardon | schkusi *(ital. scusi)* | söll nüme vorchoo | Sorry wäg vori! *(engl. sorry)* | Sorry wäg de Story vo vori! | Sorry, Frau Schori! | Tuet mir leid, Adelheid! | Tschuldigung | Tschumpelhund | tuet mer schüüli leid

Es geht weg wie warme Semmeln Das gaht furt wie frischi Weggli | Das lauft wie gschmiert | Das lauft wie gstört | Das riissed s der zu de Händ uus

Es geht zur Neige Es gaht uus | Es hät fascht nüüt meh | Es isch fertig luschtig | Es schwiinet

Es regnet Es chüblet | Es chuutet | Es fiserlet *(es nieselt)* | Es güüsst wie us Chübel | Es laat abe | Es lätteret abe | Es pflootschet | Es pisst | Es präglet | Es rägnet us em Wulchefass – und alli Chindli werded nass | Es schiffet | Es seicht | Es strääzt | Es wässeret | Räge macht schön! | Räge-Räge-Tröpfli – es rägnet uf mis Chöpfli

Es stinkt Es jääselet | Es mäggelet | Es miifft | Es mötteret | Es müffelet | Es töötelet

Finger weg! Finger ab de Röschti – de Vater hät d Füess druff! | Lass mi in Rueh! | Nöd aalange! | Pfote wägg! | Sii laa!

ganz sicher das schläckt kei Geiss wegg | Ehrewort | ghaue oder gstoche | hundert Pro *(100 %)* | tänks

Gesundheit! Gschiidheit – gsund bisch scho! | Gsundheit chunnt vor Schönheit | Gsundheit-Schönheit! | Gsundzgi | Hunds-Cheib! | Lieber gsund und riich, als chrank und arm!

Glück haben Dussel haa | em Tüüfel ab der Stange gumpe | es Sächsi im Lotto haa | Glöggli haa | Häsch de Heiland verschluckt? | Holz aalange! *(Ritual, nachdem man Glück gehabt hat)* | Schwein haa

Höchste Zeit höchschti Isebahn | S isch nie z spat für Fruchtsalat

Hör auf mit dem Gejammer! Es git kei Bire | Es git kei Öpfel | Mach kei Chilbi | Mach kei Faxe | Mach kei Fisimatänte | Mach kei Kumedi | Mach kei Sparglimänte | Mach kein Uufstand | Mach keis Büro uuf | Mach keis Cabaret | Mach keis Halihallo | Mach keis Lamento | Mach keis Theater | Mach s eifach – dänn häsch Rueh | S gitt nüüt z hueschte

Hörst du nicht mehr gut? Häsch d Ohre putzt hütt morge? | Häsch en Sankt-Galler-Schüblig i de Chabis-Bletter? | Häsch Ohropax i de Löffel? | Häsch Pizza im Horchlappe? | Häsch Schüblig i de Ohre? | Häsch Tomate uf de Ohre? | Nimm d Stöpsel use! | S Lose macht der meini Müeh!

Ich weiss es Giovanni-scho-lang-i-de-Schwiiz | Giovanni-scho-weiss

Ich weiss es nicht Es isch mer grad entfale | Frög mi öppis Liechters | Frög öpper anders | Ich-andere-Baustelle | Ich han kein blasse Schimmer | Ich han kein Blasse

Immer bin ich schuld! De Tumm isch immer de Schöberli! | Ich bi immer de Tubel im Umzug! | Ich bin immer de Schällegaggli! | Jetzt bin ich wider de Böli-Maa!

immer wieder all Hänne-Schiss | all zwee Minute | allpott | öppe nomal

Jetzt reichts! Es gnüegelet! | Es langet! | Es tuet s! | Finito – capito? *(ital.)* | Häsch de letscht Zwick a de Geissle! | Jetz isch de Ofe uus! | Jetz isch fertig luschtig! | Jetz isch fertig Schnätz! | Jetz muesch höre! | Jetzt isch gnueg Heu dune! | Schluss – Aus – Amen!

Kompromiss en Kompromischt *(ein fauler Kompromiss)*

Mach Platz! Da cha mer na stungge! | Es hät na gnueg Platz für en Schlanke wie mich! | Hät s no es Eggli? | Lupf de Gugelhupf! | Mach Platz, Kafisatz! | Rutsch e chli! | Trucked no e chli! | Uufschlüüsse! | Zämerutsche git warm!

manchmal amel | amigs | mängisch | öppe mal | öppedie

Nein danke hä-ä | Tanke für Obscht | Tanke für Obscht – han Süüdfrücht im Chäller

nicht nöd

Nimms! Griif s! | Heb! | Nimm s id Händsche! | Pack s! | Sä! | Seda!

Pech haben e Pächmarie sii | id Schiissi lange | iiluege

Redensarten Alli Affe gaffed *(wenn alle zuschauen)* | Bin ich dir uf d Hüehnerauge gstande? *(Wenn man jemanden auf seinen wunden Punkt anspricht)* | Bubi spile, Bubi gsund *(zu einem Kindskopf)* | Chasch en füechte Händedruck haa *(ironisches Angebot einer Gegenleistung)* | Chasch ja au nöd de Grossvater d Stäge duruf jage *(wenn jemand etwas Altes überbelastet)* | Chasch ja s Naastuech fürenäh *(fang nicht an zu heulen)* | Chumm wider, wänn d chasch graad seiche *(du bist noch zu jung)* | Da chasch ja grad es Ross aabinde *(überdimensionierte Befestigung)* | Da litzt s dir grad d Socke abe *(bei scharfem Essen)* | Da zieht s der grad s Hämp hine ine *(bei scharfem Essen)* | Das wott ich nöd vor d Tür gschisse haa *(das will ich nicht haben)* | De Gschiider git nah – de Esel bliibt stah *(der Klügere gibt nach)* | Du bringsch mi uf d Boim! *(wenn jemand nervt)* | Du chunsch no uf d Wält *(du wirst es einsehen)* | Du lachsch no über dini eigeti Tummheit *(wenn jemand immer lacht)* | Us em Lächli git s es Bächli *(wenn jemand immer lacht)* | Du, muesch emal as Telefon *(wenn jemand etwas Langweiliges erzählt)* | Entweder oder – Spoiz oder Choder | Es hät kein Zeiger dra *(genervte Antwort auf die Aufforderung, etwas herzuzeigen)* | Häsch en Stei vor de Hööli? *(wenn jemand die Haustür offen lässt)* | Häsch es Froideli? *(wenn jemand etwas Unangenehmes nicht lassen kann)* | Häsch Ferie-Stimmig? *(Zuruf, wenn jemand es locker nimmt)* | Häsch Fuessgruch? Dänn mach s Muul zue! *(Frage an jemanden, der stinkt)* | Ich bi doch nöd de Pestalozzi! *(Ich kann nicht immer nur geben)* | Ich chan au nöd meh als mache *(dräng mich nicht so)* | Iibildig isch na lang kei Bildig! | Isch din Vater Glaser? *(wenn jemand in der Sicht steht)* | Jetzt häsch de Dräck *(jetzt hast du das Problem)* | Jetzt muesch aber die grosse Schueh aalegge *(du hast eine Dummheit gemacht)* | Mach es Sätzli *(wenn jemand sich undeutlich ausdrückt)* | Mer sött öpperem linggs und rächts ... en Foifliber in Hosesack trucke *(wenn jemand ein Lob erwartet)* | Mit Gwalt chasch au enere Chueh de Schwanz uusriisse *(bei übermässiger Gewaltanwendung)* | Muesch nüüt la gheje, es wachst nüüt *(wenn jemand etwas fallen lässt)* | Nöd säje, es wachst ja sowiso nöd *(wenn jemand etwas fallen lässt)* | Nei tanke – ich han au Sackgebühre *(Antwort auf ein unerwünschtes Geschenk)* | S letschti Hämp hät e kei Täsche *(man kann nichts ins Grab mitnehmen)* | S nächscht Mal rüer ich dir en Stei in Garte *(Kompensation für einen Gefallen)* | Samichlaus, lupf de Huet, d Fuuscht id Schnurre tuet der guet *(Spruch für Samichlaus)* | Soihäfeli – Soiteckeli *(Vetterliwirtschaft)* | Tanke händ s gseit, wo mer Gäld nonig kännt hät *(Antwort eines Schenkenden auf den Dank des Beschenkten)* | Vo dem han i nonig gfrässe *(Antwort eines Schenkenden auf den Dank des Beschenkten)* | Umegäh gilt! *(Gib mir das Geborgte wieder zurück)* | Und z Peking isch es Velo umghejt! *(Antwort auf etwas Uninteressantes)*

Ruf mich an! Biim mir e Messitsch übere *(engl. message)* | Gib mer es Foun *(engl. phone)* | Gib mer es Telifon | Gib mir mal en Schall | Gisch mer en Chnoche? | Gisch mer en Funk? Heiz mer en Ton übere! | Lüüt mer doch aa | Mach mer en Klingel | Schieb emal es Foun übere *(engl. phone)* | Tue mal es Foun durebrösmele *(engl. phone)*

schon gut Scho guet, Helmuet! | Scho rächt, Albrächt!

sei es, wie es ist jä nu so dänn | s isch halt eso | seg s wis well | so isch es halt

sicher nicht allwääg | Chabis | Ehrewort nöd | es hundertprozäntigs Nei | es Nougou *(engl. no go)* | nie im Läbe | nöd i hundert Jahr | Vergiss de | Verzell du das am Fährimaa | Verzell du das em Böölimaa

sofort, zügig gleitig | hantli | presto *(ital.)* | schlegelawegge | subito

Tatsächlich? Ächt? | Ächt, Frau Chnächt? | Bigoscht! | Du seisch! | Erscht no! | Goppel! | Jä meinsch? | Potzheidebritsch! | Säg au! | Säg emal! | So öppis! | Würkli, Frau Bürkli?

unbedingt ghaue oder gstoche | ums Tööde | ums Verrecke | ums Verrode | ums Verwurge

und so weiter etcetera-pe-pe | pi-pa-po

ungefähr eso pluminu *(Plusminus)* | Handglänk mal Pi | öppe | s chunnt öppe ane | schetzometrisch | schätzativ

unverständliche Sprache es Chuder-Wälsch

Viel Glück! Das wird scho schief gah | Hals- und Beibruch! | Heb d Ohre stiif | Holz- und Beibruch! | Ich truck der de Tuume | Toi-toi-toi

War das deine Idee? Isch das uf dim Mischt gwachse?

Was laberst du für einen Müll? Was käcksch du, Kolleg? | Was schwätzisch du für en Chäs? | Was verzellsch du für en Seich?

Was um alles in der Welt ...? Was de Gugger ...? | Was de Herrgott ...? | Was isch jetzt wider ...?

Weisst du es nicht? Häsch en Süüleplatz gha? | Häsch grad en geischtige Nulldurchgang? | Häsch wider emal null Ahnig? | Staht der grad öpper zünftig uf de Leitig?

Wetter am Schärme *(im Trockenen)* | Bisi-Wätter *(schlechtes Wetter)* | Chopfweh-Wätter *(bei Föhn)* | es chuelet *(sinkende Temperaturen)* | e Affechelti *(sehr kalt)* | d Seegfrörni *(wenn der Zürichsee gefriert)* | schlifrig *(Eisglätte)* | en Blaascht *(Gewitter)* | es chunnt no cho blaaschte *(es gibt ein Gewitter)* | es chuutet *(es stürmt/schneit/windet)* | es hudlet und chuutet *(Sturm mit Regen oder Schnee)* | es haglet Chatze | es Huddelwätter *(schlechtes Wetter)* | furz-troche *(lange Trockenperiode)* | Ghick *(Eiskristalle an Bäumen)* | näblig *(neblig)* | e eländi Milchsuppe *(starker Nebel)* | e rächti Suppe *(starker Nebel)* | Riife *(Reif)* | s isch wachsig Wätter *(Sonne und Regen)* | Schääfli-Wulche *(kleine Wolken)* | tüppig *(schwül)* | überschiinig *(bedeckt, aber hell)*

Wie spät ist es? Wie spat hämmer? | Wie vill Bölle isch? | Wie vill Chile isch? | Wie vill Giige isch? | Wie vill isch?

Wie spät ist es? – Keine Ahnung! Ich gseh s nöd, de Zeiger isch druff! | Viertel ab Tünnschiisser – wänn s tick wird, chasch abbisse! | Ziit zum e Uhr chaufe!

zu spät hinedrii wie d Chile-Uhr | besser z spat als nie | du chunsch no z spat in Himmel | z spoing

zum Aufbruch mahnen also | «Sooli» – seit de Pögg zum Gooli

zum Abschied Abtuube, Kamarade! | Adie und furt | Adios | Au réservoir *(franz. au revoir)* | Au revoir au pissoir | Bhüet di | Bis bald | Bliib flockig | Chömed glii wider | Chömed guet hei | Chumm guet under s Tram | Das isch s gsi mit Tricks und Gäggs – tschau zäme | En Gruess dihei und en Furz id Chuchi | En Schöne | Es isch schön, dass d choo bisch – aber no schöner, dass d wieder gahsch | Gang mit Gott – aber gang | Gang mit Gott oder suscht emene alte Maa | Heb en Schöne (aber nöd miine) | Hüss | Ich gang go Chüssi-lose *(schlafen)* | Ich hau s | Ich mach de Fisch | Ich zieh sie | Iss Gummi und verzieh di | Jetz wird s gliich no en glatte Aabig (jetz, wo du gahsch) | Mach kei Landschade | Mach s guet – lupf de Huet | Mach s guet | Me gseht sich | Pfüeti | Schööööneeee | Sii juu *(engl. see you)* | Tankeadiemessi | Tschau | Tschau Sau | Tschäse | Tschäse-Bäse | Tschäsnmäsn | Tschau Bäse | Tscheesen | Tschö | Tschögensen | Tschou | Tschüddeldüü | Tschüddelfüddel | Tschühüü | Tschus | Tschüse | Tschüsli | Tschüssel | Tschüssi | Tschüüü | Uf es anders Mal | Uf Pfluderwiege | Uf Widergüx | Uf Wider-Lugano | Vinke talmal und uf Luderwiege | Wetsch no en Öpfel für uf de Heiweg? *(wenn jemand nicht gehen will)*

zur Begrüssung Aloha | Ehi | Gott grüess di | Griezn | Gruess | Grüezi | Grüeziwohl | Grüeziwohl, Frau Bluemechohl! | Gugus | Guguuseli | Guete Tag, Gartehaag! | Hallo Velo! | Halä | Haletti | Halli-Hallo | Hallöle | Hei *(engl. hi)* | Helau *(aus dem Deutschen)* | Hoi | Huhu | John Porno *(Umkehrung von ital. buongiorno)* | Kuckuck | Ou nei! | Salä | Sali | Sali, Frau Galli! | Sali-mit-de-Hand *(statt Sali mitenand)* | Salü *(franz. salut)* | Saletti | Saletti Babettli | Saletti Spaghetti | Saluti | Salve | Servus | Tschou *(aus dem Berndeutschen)*

Heb de Latz!

Sei ruhig!

STREIT

Angst haben d Schlüüch voll haa | de Gagg i de Hose haa | s Arschflattere haa | s Herzflattere haa | s Muffesuuse haa | Schiss haa | zittere wie Eschpe-Laub *(Espenblätter)*

Beruhige dich! Bliib gräämig! | Bliib gschmeidig! | Chill s! *(engl.)* | Chum obenabe! | Entspann di! | Fahr wieder abe! | Gaaanz ruig! | Hänk ap! | Häng s, Man! He, iisi! *(engl. easy)* | Heb de Bölle flach! | Heeee, ganz ruuuuuig! | Hör au uuf Stei rüere! | Hör uuf ruedere, bisch uf em Sand! | Iisi, Baby! *(engl. easy, baby)* | Immer locker bliibe! | Lässig bliibe! | Mach di nöd verruckt! | Mach keis Büro uuf! | Mach kei Chilbi! | Mach kei Kumedi! | Mach keis Lamento! | Mach kei Schnäggetänz! | Mach kei Tänz! | Mach keis Theater! | Mach kein Uufstand! | Morn gseht alles andersch uus! | Nimm e Tuschi, aber e chalti! | Nimm es Zäpfli! | Nimm s leschär! *(franz. légère)* | Nimm s locker! | Reg di ap! | Riläx! *(engl. to relax)* | Schlaaf emal drüber! | Tschill di! *(engl. to chill)* | Tuen mal chli tschilliere!

betrügen abriisse | abzogge | am Seil abe laa | as Bei brünzle | bschiisse | d Hose abelaa | en Bääre uufbinde | en Bschiss ablaa | en Seich aaträje | filze | hindergah | inelegge | ineliime | lingge | mogle | nüssle | öpperem e langi Nase mache | s öpperem dräckig mache | schlitze | spicke *(in der Schule)* | über d Bettkante zieh | über de Tisch zieh | über s Näscht inezieh | verarsche | verseckle

Bodyguard en Chugelfang | e Frässi-Chrümmeri – en Frässi-Chrümmer | en Gorilla | e Strasseruumeri – en Strasseruumer

Das nervt! Da chunnt mer ja s chalti Chotze! | Da chunnt mir de Zmorge bald retour! | Da chunnt mir s chalte Göble! | Das belaschtet mi! | Das bringt mi na um de Verstand! | Das fahrt mer schlächt ii! | Das gaht mer uf de Sack! | Das isch en fertige Kack! | Das isch en fertige Sämf! | Das isch z vill! | Das isch zum Chind überchoo! | Das isch zum Haaröl seiche! | Das isch zum Stei biisse! | Das isch zum Träne furze! | Das jagt mir de Nuggi use! | Das macht mi fertig! | Es figgt mi aa! | Es pisst mir as Bei! | Es schiisst mi aa! | Es stresst mi! | Ich chumm Vögel über! | Ich chumm jetzt dänn e ganzi Volière über! | Ich chumm no Flöh über! | Ich han au nur Nerve! | So schaad!

den Hintern versohlen de Arsch versole | Füdlitätsch gäh | über s Chnüü näh | uf s Füdli gäh

Du bist ein Idiot! Du ghüüslete Siech! | Du häsch d Jagge verchehrt aa – de Arsch mues une useluege! | Du häsch en Flick ap, gröösser als s Titanic-Loch! | Du häsch es Gsicht wie en Füürmälder – so richtig zum Driischlaa! | Laa d Hose abe, dänn gib i der en Ohrfiige! | Mach chlinneri Schritt, es fischelet! | Muesch nöd meine, segsch es Chrüüzworträtsel, nume will d a jedem Egge es Fragezeiche häsch! | Wänn ich dis Gsicht gseh, dänn bin ich mit mim Füdli ganz zfride! | Wänn ich en Hund hett mit dim Gsicht, würd ich ihm de Arsch rasiere! | Wänn Tummheit chlii wär, chöntsch du mit Stelze under em Teppich durelaufe! | Bi dir hett de Vater au lieber in Tachhängel ufe gwixet! | Dini Eltere wäred lieber 10 Minute go laufe gange!

Du kannst mich mal! Blaas mer bald Fädere! | Chasch mer ad Chlööte hange! | Chasch mer blööterle! | Chasch mer chrüüzwiis! | Chasch mir id Chappe jodle! | Chasch mer id Chappe schiisse! | Chasch mer id Schueh blaase! | Chasch mer is Füdli blaase! | Chasch mi filme! | Chasch mi fötele! | Chasch mi gern haa! | Chasch mer ad Dattle hange! | Chasch mer ad Eier hange! | Chasch mer an Ranze hange! | Chasch mir de Rugge derab rutsche und mit de Zunge brämse! | Fahr mer ap! | Figg di is Chnüü! | Läck mer am Gnick! | Läck mer am Nuggi! | Läck mer doch am Tschööpli! | Rutsch mer doch de Puggel ap!

Du spinnst! Bi dir hät de Lieb Gott zweimal i d Füdli-Chischte glanget! | Bisch en Spinncheib! | Bisch voll näb de Schueh! | Du bisch au meh geschter als morn! | Du bisch mer en Spinnhafe! | Du häsch es Hirni wie-n-en Ochsner-Chübel! | Du häsch ja en Wäb-Fähler! | Du häsch ja s Porzellan-Syndrom! *(nicht alle Tassen im Schrank)* | Du häsch nöd all Hamschter im Ränne! | Ein IQ-Punkt weniger – und d Foti-Synthese fangt aa! | Ein IQ-Punkt weniger – und du wärsch en Stei! | Eine vo eus zwei isch tümmer als ich! | Für dich lömmer s gääl Wägeli la choo! *(Einlieferung in psychiatrische Klinik)* | Gsehsch uus wie-n-es warms Joghurt! | Jetz hät s der d Sicherig putzt! | Jetzt bisch total dure bi Rot! | Jetzt isch nüme guet! | Stahsch im Schilf! | Suuf

doch no meh! | Tue nöd tümmer, als d bisch! | Wänn Blödheit würdi velofahre, müesstisch de Gotthard deruuf brämse!

explodieren abgah wie-n-e Rageete | öpper verchlöpft s – en Knallfrosch isch en Dräck degäge | es chlöpft und tätscht | es hät Püff gmacht | es knallt | es tätscht | es verbutzt mi | es verjagt s | es verjättet s | jetzt hät s d Sicherig usegjagt

flüchten, davonrennen abdüüse | abseckle | abtuube | ap wie de Tüüfel | d Wiiti näh | de Blind näh | devo gah wie-n-en Schnällzug | devo hase | devo semmele | devo springe | gschnäll wie s Bisi-Wätter | hagle | me chönnt meine, öpper heg e Rageete im Füdli | schiebe | tifig | use und furt | gisch was häsch

Fluchwörter verreckte Cheib | gopfertami | gopferta...nnewald | gopferteckel | gopferteli | gopfertori | gopfridli | gopfridstutz | gopfridstüdeli | goppeletti | Heiland-Sack! | Heiligi Muetter Gottes – im Ankehafe Gsottes! | Heimatland! | heitere Fahne | Herrgott Millione | Herrjehmineh, Frau Portmonee! | Himmel-Herrgott-Sack! | hogarisi (Hode-Gamelle-Rieme-Siech) | Huere-Siech-nomal | Pfiiffe-Teckel | Sack Zemänt | sternebitzgi | sternebütschgi | sternefoifi | sternesibni | Sternlein nonemal | tamisiech | um Himmels-Herdöpfels-Wille

Fusstritt en Gingg | en Schueh in Arsch | en Tschuut in Arsch

hänseln aabumse | aafigge | aazünde | di lang Nase mache | foppe | föpple | fuxe | piesacke | zoikle | zoisle | züüsle

Hau ab! Ab uf d Boim! | Abfahre! | Abfahre, mini Bou-Stell! | B. W. S. (beid Wäg seckle) – aber O. B. T. (ohni blöd tue)! | Biim di wägg! *(engl. to beam)* | Bisch vorig! | Butz di! | Chasch di verbrösmele! | Chasch grad wider zrugg uf Schmerike gah! | Chasch uf em Absatz cheert mache! | Chumm, mach en Satz! | Deet hät de Zimmermaa s Loch gmacht! | Dich han i s letscht Mal gseh! | Du häsch da nüüt z sueche! | Fahr ap! | Fahr in See! | Figg di wägg! | Frappé! *(Abk. von fahr ap, ey)* | Furt mit Schade! | Gang doch goge Crème heble! | Gang go fische! | Gang is Pfäfferland! | Gang mer us de n Auge! | Gib Gummi! | Gwünn Land! | Husch-husch is Chörbli! | Ich jag di zum Tämpel uus! | Kusch di! | Laa mi elei! | Laa mi in Fride! | Laa mi in Rueh! | Laa mi zfride! | Lueg, dass d Land günnsch! | Lueg, dass d Wind id Sägel überchunnsch! | Mach d Chnüü chrumm! | Mach d Türe vo usse zue! | Mach de Fisch! | Mach de Teer heiss! | Mach di flockig! | Mach di flüssig! | Mach di tünn! | Mach di uf d Socke! | Mach di unsichtbar! | Mach di vom Acher! | Mach di z gumpe! | Mach e Flüüge! | Mach en Abgang! | Mach en Strich i d Landschaft! | Mach, dass d furt chunnsch! | Mach, dass d mer us de Auge chunnsch! | Nimm de Bäse und hau s! | Nimm di Hindere füre! | Pack de Püntel! | Pfiiff di! | Schieb ap! | Schliich di! | Schnapp ap! | Söll der Bei mache? | Subtrahier di! | Troll di! | Tuub ap! | Uf dich chömmer verzichte! | Verdünnisier dich! | Verpiss di! | Verreis! | Verzieh di! | Zäpf di! | Zieh Fäde! | Zieh Leine! | Zieh si! | Zieh-n-en! | Zisch di! | Zupf en!

Hör auf! Mach mi nöd müed! | Mach mi nöd ranzig! | Mach mi nöd schwach! | Riiss mer nöd de letscht Nerv uus!

jemanden fertigmachen abechaufe | abefrääse | abemache | absaage | bodige | disse | fickuliere | hasle | kabutt mache | nüssle | plaage | schliisse | verheize | vertschirgge | zur Sou mache

Knall en Chlapf | es Detonaziönli | en Pfiff-Paff-Puff | en Tätsch

kneifen chlämme | chlüübe

Ohrfeige e Bagge-Pfiife | eis an Chessel | en Chlapf ad Schnurre | en Chlapf an Grind | en Chläpper | e Flättere | e Fuuschtflättere | e Hampfle Chnoche i s Gsicht | e Hampfle Finger | d Hand ghöre | eis ad Lafete | eis ad Löffel | e Muulschälle | s Ohr färbe | eis uf s Ohr klatsche | eis ad Ohre | en Ohre-Chappe | en Satz heissi Ohre | e Schwinte | e Tinitus-Schlüüdere | e Tschudere | en Watsch

Pass auf, sonst knallts! Chasch di uf öppis gfasst mache! | Dir wird i öppis hueschte! | Heb acht, susch chlefelet s! | Heb d Bagge ane! | Nimm di zäme, susch räblet s! | Pass uuf – jetzt rüttlisch am Ohrfiigebaum! | Pass uuf, susch chlöpft s im Schiibestand! | Pass uuf, susch räblet s! | Schmöcksch die Fuuscht? | Schmöcksch, wie s töötelet? | Wotsch d Fuuscht id Schnurre? | Wotsch di Verchehrti? *(die Rückseite der Hand)* | Wotsch eis ad Möscht? | Wotsch jetzt grad eis? | Wotsch Sternli gseh? | Wotsch e Hampfle Finger im Gsicht?

schimpfen, beschimpfen aabäägge | aafigge | aamotze | aapfiiffe | aapfurre | aaröötze | aaseiche | abefahre | betoniere | de Tarif dure gäh | en tumme Latz haa | es Tunnerwätter ablaa | hüppere *(von hyperventilieren)* | motze | öpper tusche | pfuttere | Schlötterlig aahänke | sidiane | sirrache | zämeschiisse | zämestuuche

Schimpfwörter en Armlüüchter | en Arsch mit Ohre | e Arsch-Chappe | e Arschgiige | öpper isch zum Abwinke | es 24-karätigs Arschloch | es Arschgsicht | es fertigs Bütschgi | es geischtigs Bsetzt-Zeiche | e Bedienti – en Bediente | en Betong-Grind | e Bireweichi – en Bireweiche | en Chopf wie-n-e Berghütte – höch obe und primitiv iigrichtet | en Chotzbrocke | e Chübelbumseri – en Chübelbumser | en Dämlack | e Dräcksou | e Deppin – en Depp | en Docht | e Durchschnitts-Basleri – en Durchschnitts-Basler | en Ein-Zäller | en Fötzel | en FU *(engl. fuck you)* | en Füechter | en Furzgrind | das isch mini Spezial-Fründin – das isch min Spezial-Fründ | en Gaageli | en Gaggalaari | en Gaggalööri | en Galööri | en analgschaltete Gwaggli | öpper hät en Grind wie-n-e VW-Türe – so richtig zum driigingge *(vom Cabaret Rotstift)* | e Ghirn-Amputierti – en Ghirn-Amputierte | en Ghüdersack | en Globivogel | en Glöggliböögg | en Glögglifrosch | en Gloon *(engl. clown)* | es Gnick | es Grille-Hirni | es Gsicht | en Halbränner | en Halbschueh | es Hirni | e Hirnipickeri – en Hirnipicker | es Hueremeitli – en Huerebueb | en Joggechopf | öpper hät en Kiosk a de Eiger-Nordwand | en Laatschi | en Laferi | en Lappi | en Lööli | en Lulatsch | en Madesack | e truurigi Made | es Mondchalb | en Nuller | e Nilpe | en Ohnibrainy *(engl. brain)* | en Pavian | es Pausezeiche | es Proté *(Uhren)* | e Penneri – en Penner | en Pflock *(unsensibel)* | e Pickti – en Pickte | en Pinggel | en Pinsel | en Piss-Chopf | en chalte Pfoschte | en Quantefurz | e abgfiggeti Randsteigurke | e Rülps-Tüüte | öpper chasch rauche | es Reserverad *(überflüssig)* | es Rialo *(Riesen-Arschloch)* | es Riise-W | en Schibi *(Steigerung von Schickimicki)* | en Schlammsack | en Schnäbi-Chätscher | en Schnäbizägg | en Schnösel *(eingebildet)* | e Souhündin – en Souhund | en Sou-Niggel | en Sumablösi (en supermaximale blöde Siech) | e müedi Tablette | e Telefonmaschte-Bestiigeri – en Telefonmaschte-Bestiiger | en Tirggel | es Toore-Meitli – en Toore-Bueb | en Totsch | e Trotüüle | e trüebi Tasse | en Tootechopf | en Troopechopf | en Trooschtpriis | en Tschiber | en Tschumpel | en Tubel | es Tulpefoifi *(vom Jassen/Schälle-Sächsi)* | en Volltubel | e Voorigi – en Voorige | en Wäbfehler | e Winde *(ein Spinner)* | en tumme Ziegel | e Zleidgenössin – en Zleidgenoss | en Zleidwerchi-Cheib | en lätzgfäderete lützelhübsche Zwasli

Schimpfwörter für Frauen 90-60-90 – und s anderi Bei au *(dicke Beine)* | es Beeri | es Bütschgi | en Bäse | en Butztüüfel | e Baabe | e Biiss-Zange *(streitlustig)* | e Chläbluus *(anhänglich)* | e Chlee-Chueh *(dumm)* | e Chlette *(anhänglich)* | e Chratzbürschte *(bissig)* | en Chuchibäse | es Chlöpfschiit *(bösartig)* | es Chrusel-Beeri *(mit Dauerwellen)* | d Dorf-Madratze | e Drama-Kwiin *(hysterisch, engl. queen)* | e abtakleti Fregatte | e Gääggi-Tante *(klagend)* | e Garette | e Giftschlüüdere | e Griite | es Guetzli | es Gutschi *(Modeopfer, nach der Marke Gucci)* | es Gwehr *(hässlich)* | die hät Haar uf de Zäh *(bissig)* | die hät Kitt uf em Grind *(aufgetakelt)* | es Huscheli *(unterwürfig)* | es Hutschel-Wiibli | e Jammer-Tante | es Lisi | e Lämpe-Chatz *(streitlustig)* | e Lüügimoore *(Lügnerin)* | en Mal-Chaschte *(stark geschminkt)* | e Märlitante *(Lügnerin)* | e falschi Moore | e Näbel-Chräje | e Pflättere *(dick)* | e Pfluute *(träge)* | e Plauder-Täsche | e Qualle | en frisierte Rase-Mäjer *(aufgetakelt)* | es Rääf *(bissig)* | es Riib-Ise *(bösartig)* | es Rugge-Tigerli *(leicht zu kriegen)* | es Schmink-Trückli *(stark geschminkt)* | es Sumpf-Huehn *(oft im Ausgang)* | e tummi Scheese | e Schlüüdere | e Schmuttere *(dick)* | e Schnäppere |

e Schreck-Schruube *(hässlich)* | e Schüüssbuude-Figur *(etwas billig)* | e Schwoof-Griite *(tanzt gerne)* | e Steckdose *(leicht zu kriegen)* | e Suurbräme *(bösartig)* | e Tschäppere | e Tschättere | en Totsch | es Trampel-Lisi | es Troche-Dock *(schwierig zu kriegen)* | e fuuli Trucke *(faul)* | es Tschigg *(engl. chicken)* | es Tschigi *(engl. chicken)* | es Tüpfi | es Tussi *(dümmlich)* | en Wanderpokal *(leicht zu kriegen)* | e Waagrächti *(leicht zu kriegen)* | e Zimmerlinde | e Zwätschge

Schimpfwörter für Männer en Abhauer *(immer neue Frauen)* | en Birewixer | en Bünzli *(Spiesser)* | e Riise-Briide *(Nichtsnutz)* | en Chlaus | en Chnuuschti *(komischer Kauz)* | en Don Senilo | en blöde Döödel | en Fräss-Cheib | en Fü-Bü *(Füdli-Bürger)* | en Furz i de Laterne | en Fuzzy | en Glünggi *(unzuverlässig)* | en Gnappi *(alt)* | en Gromafudusi (en grosse, magere, fuule, tumme Siech) | en Gwaggli *(Trottel)* | en Habbasch *(Halunke)* | en Hagestolz *(Junggeselle)* | en halbe Gauner | en Heinrich Gasserich *(oft im Ausgang)* | en Hinderrüggsler | en Holzhacker | en Hoselotteri *(Nichtsnutz)* | en Joggel | en Knorrli *(eigenartig)* | en Laggaff *(Snob)* | en Lämpe-Gai *(streitlustig, engl. guy)* | en Latschi | en Lusche *(undurchsichtig)* | en Luschi *(unzuverlässig)* | en chronische Linggswixer | en Macker *(Macho)* | es Mamma-Titti *(Muttersöhnchen)* | en Mööggi-Hund | en Munggi *(sagt nichts)* | en Nörgeli *(kritisiert immer)* | en Pandur *(Schelm)* | en Pascha *(lässt sich bedienen)* | en Pfäffer-Sack | en Pfahl *(emotionslos)* | e fertigi Pfiiffe *(Nichtsnutz)* | en Pflock *(emotionslos)* | en Pflootsch-Gai *(engl. guy)* | en Schafseckel | en Schafsee... leguete Mänsch *(von Seckel)* | en Schangli | en Schifer | en Schiffbock | en Schiiss-Gai *(engl. guy)* | en Schlufi *(leicht verbrecherisch)* | en Seckel | en Seckeltrümmeler | en Sek... undarlehrer *(von Seckel)* | en nüütige Siech *(unbrauchbar)* | en Soifeblöterler | en Stinksocke *(schlecht gelaunt)* | en Striizzi *(streitsüchtig)* | scharmant wie-n-en Tole-Teckel *(uncharmant)* | en Teigg-Aff | en Tschooli | en Tschumpelhund | en tumme Hagel | en Umefurzi *(oft im Ausgang)* | en Verschütt-Gai *(engl. guy)* | en vertruckte Siech | en Vollgloon *(engl. clown)* | en Vorstadt-Casanova *(Provinzler)* | en Wegge | de chasch mer in Salat ine schnätzle *(unattraktiv)* | de chönntsch mer um de Buuch umebinde und s chämt mer nüüt dezue in Sinn | de wetti nöd vor d Türe gschisse

Schlägerei e Balgerei | e Balgete | e Boxete | e Chlopfete | e Chrage-Arbet *(Ausdruck aus dem Tösstal)* | e Hauete | en Hoselupf | e Rammlete | e Schlegi | e Schleglete | e Schletzete | d Schnudernase butze | e Schwarterei | e Tuggete

Sei ruhig! Chasch d Zäh wider inenäh, es hät kei Nüssli meh! | Gib Fride! | Gib Rueh! | Halt de Rand! | Heb d Frässi! | Heb d Klappe! | Heb d Lippe! | Heb d Schnurre! | Heb de Lade! | Heb de Laller! | Heb de Latz! | Heb de Schlitte! | Heb din Underchifer still! | Heb s Gätzi zue! | Heb s Muul zue! | Hör uuf mit dem Gliir! *(das Geleier)* | Hör uuf liire! | Hör uuf, mir d Bire z fülle! | Kännsch öpper (wo s intressiert)? | Loch zue, es zieht! | Luegsch – zmahl fählsch! | Mach e Uufnahm devoo, ich rüer der si dänn furt! | Mach s Muul zue, s zieht! | Quatsch mer keis Loch in Buuch! | Red mit minere Hand! | Rueh uf de billige Plätz! | Schnauze! | Schnauze, Fury! *(aus der TV-Serie «Fury»)* | Schriib s doch em

«Beobachter»! | Schruub de Luutsprächer abe! | Seich mer nöd is Ohr! | Silenzium! | Stille, stille, stille – d Chatze gönd id Chile! | Verzell du das am Fährimaa! | Verzell s de Fisch! | Verzell s de Straass! | Verzell s doch dim Chüelschrank! | Wänn de Chueche redt, isch s Brösmeli ruhig! | Wayne? *(Wen interessiert es?)* | Wotsch 70 Rappe? Dänn chasch öppertem aalüüte, wo s intressiert! | Zerscht lifere, dänn lafere!

Spinnst du? Bisch di erschte füfzg Santimeter im Zoo uufgwachse? | Bisch eigentli lern-resischtänt? | Bisch gschöggelet? | Bisch nöd ganz bache? | Bisch nöd ganz buechet? | Bisch nöd ganz gschüttlet? | Bisch nöd ganz Hugo? | Bisch nöd ganz putzt? | Bisch psoffe? | Bisch vom Wahnsinn umzinglet? | Gaht s? | Gaht s no? | Häsch Chäs am Rugge? | Häsch chli eine? | Häsch d Vögel duss? | Häsch din Verstand verchauft? | Häsch Durzug im Hirni? | Häsch e Fallmasche im Hirni? | Häsch e nassi Zündschnuer? | Häsch e Wand duss? | Häsch eine a de Schippe? | Häsch eine a de Waffle? | Häsch en Egge ap? | Häsch en Furz i der Bire? | Häsch en Hammer gfrässe? | Häsch en Iiswürfel im Föhn? | Häsch en Knall? | Häsch en Knick i de Fichte? | Häsch en Knick i de Linse? *(Hast du das nicht gesehen?)* | Häsch en Schade? | Häsch en Schuss i de Bire? | Häsch en Sprung i de Feschtplatte? | Häsch en Sprung i de Schüssle? | Häsch en Tilt i der Schüssle? | Häsch en tote Frosch im Schueh? | Häsch en tote Vogel im Schueh? | Häsch es Brätt vor de Schiibe? | Häsch es Joghurt im Sack? | Häsch es Loch im Hirni? | Häsch es Rad ap? | Häsch es warms Joghurt im Hosesack? | Häsch Hirsch? | Häsch nöd all Nadle am Baum? | Häsch nöd all Tasse im Schrank? | Häsch nüme ali Eskimo uf em Schlitte? | Häsch Schüüb? | Häsch Tomate uf de Auge? | Hät s der id Chappe ghuupet? | Hät s der is Hirni gschisse? | Hät s der is Hirni zwitscheret? | Hät s der uf d Zündschnuer grägnet? | Hät s dir id Verdrahtig gschlage? | Hät s dir uf de Pinsel gwädlet? | Hät s dir uf de Seckel gschneit? | Hocksch uf de Leitig? | Huupet s? | Pfiift s im Gsicht? | Schliift s? | Schliift s dir im Öpfel? | Schöggelet s? | Stahsch im Tram? | Stahsch uf em Schluuch? | Was meinsch du als Usse-Stehende zum Thema Intelligenz? | Wele Teil vo «Nei» verstahsch gnau nöd?

streiten en aagspannti Atmosphäre haa | chääre | chifle | Chritz haa | Knaatsch haa | Lämpe haa | Mais haa | puffe | Stunck haa | ticki Luft dehei haa | zangge | Zoff haa | sich zoffe | Zöpf haa

tadeln, massregeln aaseiche | am Sack zeere | as Bei seiche | Benimmregle hueschte | d Chappe wäsche | d Chnöpf zue tue | d Eier poliere | d Kante hoble | d Marschrichtig zeige | d Meinig pfiiffe | d Näht iitue | d Poscht-Ornig duregäh | d Ventil iistelle | de Gummi schliife | de Rieme schliife | en Rüffel gäh | es chunnt es Bisiwätter | in Sänkel stelle | Maniere biibringe | mit schwärem Gschütz iifahre | Mores lehre | räsoniere *(franz. raison)* | schimpfe | schurigle | zämeschiisse | zäme-stuuche | zeige, wo de Bartli de Moscht holt | zeige, wo Gott hockt | zrächtwiise

toben raschte | sich uufführe wie-n-en Muni imene Chriesihuufe | sich uufführe wie-n-en Stier | sirache | töbe | total näbed sich stah | uf hundertachzg obe sii | uusflippe | uusraschte | verruckt werde | wüete

trotzen de härti Grind fürechehre | de Zwäng-Grind fürechehre | en Chopf mache | öppis durestiere | toibele | trötzle

zuschlagen abedogge | abehacke | abehitte *(engl. to hit)* | abespitze | abschwarte | betoniere | chlopfe | d Frässi poliere | d Frässi vernagle | e Hampfle Chnoche i s Gsicht | d Ohrfiige-Büchs uufmache | d Wäje pflaschtere | de Grind verschlaa | die vercheerti Hand gäh | driifätze | e Büchs Ohrfiige gäh | e Chopfnuss gäh *(Hieb mit den Fingerknöcheln auf den Kopf)* | e Gsichtsmassaasch verabreiche | e Zah-Korrektur durefüehre | eini bache | eini butze | eini chläbe | eini hindere lade | eini pänggle | eini wüsche | eis ad Löffel gäh | eis as Chessi gäh | eis brätsche | eis fädere | eis fätze | eis flacke | eis hämmere | eis hinder d Ohre gäh | eis hinder d Chiime pulfere | eis hindere zieh | eis ine trucke | eis is Zifferblatt fädere | eis lade | eis lange | eis paniere | eis serviere | eis tätsche | eis tische | eis uf de Zwölfer gäh | eis uf s Muul zwicke | eis wäsche | eis zinggiere | en Chlapf ad Bire gäh | en Nasestüber gäh | en Satz heissi Ohre gäh | en Schwede-Chuss gäh *(Kopfhieb Stirn gegen Stirn)* | en Siite-Uuspuff verpasse | es Bewusstloserli verabreiche *(auf den Brustkasten drücken)* | es chlöpft | es chömed foif Finger z flüüge | es isch Flättere-Wätter | es räblet | es ruuschet im Tannewald | fidle | grüen und blau schlaa | hitte *(engl. to hit)* | ich hau dich blau | in Schwitz-Chaschte näh *(dosiert würgen)* | jetz bollet s dänn | jetz git s Häbi | jetz tätscht s | laufsch i en Fadegrade ine | mit em Hammer strähle | mit Aalauf d Zäh butze | plötzlich wird s tunkel | puudere | s Cherzli schräg stelle | Schlegi gäh | uf d Schnitz gäh | verdogge | vertöffle | warmi Ohre verteile | zämebängle | zämetöffle

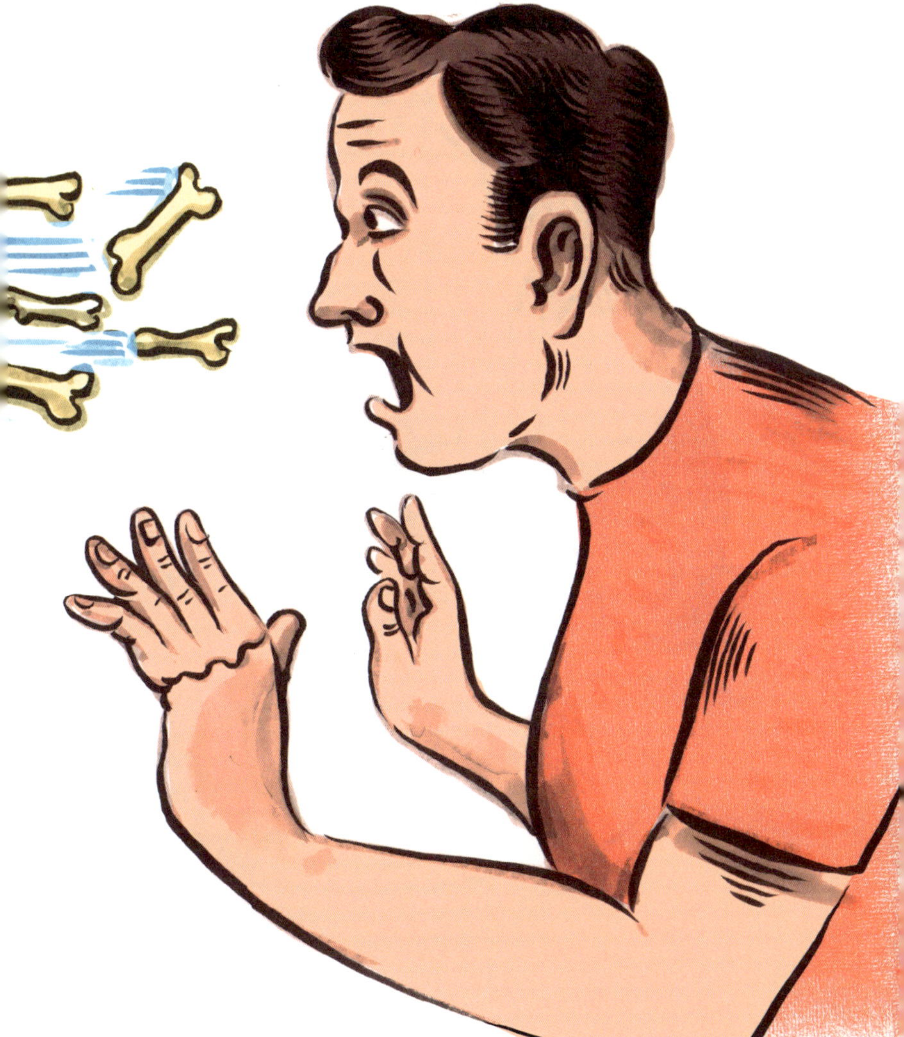

en Wadebiisser
Aussenverteidiger (Fussball)

SPORT

ausscheiden id Ränte gah | usefuule | usegheje

Autorennen es Ofe-Chroose

das Letzte herausholen abstrample | schluuche | usechützle | uuswinde

Damenriege es Chrampfadere-Gschwaader

Eishockey spielen bängle | chneble

eislaufen schliifschüehnle | schlipfisele

Faustball Puure-Tennis | Senile-Pingpong

Fussball bätzge | chügele | gigele | gingge | kicke | tschuute | tschüttele | d Chluure *(Ball)* | de Sack *(Ball)* | de Sack zue mache *(klares Resultat erzielen)* | drüü Meter Chääs *(drei Meter Abstand)* | de Spiise inehebe *(Tackling)* | e Bitschiggletta *(Fallrückzieher, ital. bicicletta)* | e Chachle *(Tor)* | e Penudle *(Penalty)* | e Spitz-Guuge *(unkontrollierter Schuss mit der Fuss-Spitze)* | e Bölle-Frässeri – en Bölle-Frässer *(jemand, der nie abspielt)* | en Briefchaschte *(Heber über den Goalie)* | en Fade *(starker Schuss)* | e Flügelflitzeri – en Flügelflitzer *(Stürmer:in)* | e Flüüge-Fängeri – en Flüüge-Fänger *(schlechte:r Goalie)* | en Füdlipass *(Fehlpass)* | Glettise i de Schueh *(unbegabt)* | en Hammer *(starker Schuss)* | en Holzfuess *(unbegabt)* | en Ise-Fuess *(beinhart)* | e Knipseri – en Knipser *(Goalgetter:in)* | en Schii-Schueh *(unbegabt)* | en Schiissi-Trichter *(Schiedsrichter:in)* | en Schiri *(Schiedsrichter:in)* | en Topf *(Tor)* | e Tschütteleri – en Tschütteler *(Fussballer:in)* | e Wadebiisseri – en Wadebiisser *(Aussenverteidiger:in)* | es chachlet *(ein Tor fällt)* | es Grümpi *(Amateur-Turnier)* | es Stängeli *(10 : 0-Sieg)* | es Tomätli *(Prellung am Schienbein)* | fitze *(reingrätschen)* | säble *(foulen)* | Töggeli-Schueh *(Stollenschuhe)* | bueche *(Tor schiessen)* | topfe *(Tor schiessen)* | eini inehänke *(Tor schiessen)* | eini versänke *(Tor schiessen)* | une ine schliife *(reingrätschen)* | usslaa *(umdribbeln)* | uuschügele *(ausspielen)*

gewinnen abelaa | abruume | alt uusgseh laa | butze | erschte mache | güne | mir händ s gschlage | mir händ s möge | obenuus schwinge | öpper bodige | öpper versaage | siige

Golf Bonze-Böllele | Stäckli-Fuessball

Golfer:in e Green-Pisseri – en Green-Pisser | e Ii-Locheri – en Ii-Locher | e Stäckli-Fuessballeri – en Stäckli-Fuessballer

Hornussen Puure-Tennis | Rueche-Golf | Stratosphäre-Ping-Pong

joggen ränne | seckle | semele | umesemele | e Turnhalle sueche

Kegeln, Bowling alli Nüüni *(alle Neune)* | en Chranz *(Acht von Neun)* | es Babeli *(alle Neune)* | es Soili *(alle Neune)* | guet Holz wünsche | iisarge *(Spiel beim Kegeln)*

Männerriege d Fuuschtball-Buebe | es Manne-Balett | d Manne-Intriige | e Schii-Tote-Vereinigung | e Senilius-Gumpete

Nordic Walking de Chrampfadere-Express | e Stock-Änte

Orientierungslauf e Flüügepilz-Staffette | e Fötzeljagd | en OL

Polo Schollegumper-Hockey

rodeln en Bob mache *(aneinander gehängte Schlitten)* | schlittle

schiessen en Karscht *(Karabiner)* | en Schuss ablaa | Herdöpfel setze *(die Scheibe verfehlen)*

schwimmen bädele | e Bombe *(Sprung mit angezogenen Beinen)* | en Chöpfler *(Kopfsprung ins Wasser)* | en Ränzler *(Bauchlandung nach Kopfsprung)* | es Päckli *(Sprung mit angezogenen Beinen)* | mit de Militärbadhose bade *(nacktbaden)* | plantsche | schwaddere

Schwingen Alpe-Judo | en Hoselupf | Puure-Schüttle | Sagmähl-Tango | Schwiizer Sumo

skifahren d Spitz-Cheeri *(180°-Wendung)* | e Buggelpischte *(steile, hügelige Piste)* | säddere laa *(laufen lassen)* | schiine | tänndle *(mit den Skiern bergauf steigen)* | trättle *(mit den Skiern bergauf steigen)* | wädle *(in kurzen Schwüngen fahren)* | d Textilbräms zieh *(hinfallen)*

snowboarden boarde *(engl. snowboard)* | brättle | bügelbrättle | chätsche | chibbe | jibbe | schneebrättle | schneesörfe *(engl. to surf)* | schredde *(engl. to shred)* | snööbe

Sportartikel Adihasch *(Marke Adidas)* | La Kotz *(Marke Lacoste)*

Squash Gummi-Zälle-Tennis

Tischfussball chnöchele | jöggele | s Närve-Bölleli *(Matchball)* | töggele | en Töggelichaschte

Tischtennis es Möchtegern-Tennis | es Ping-Pong | en Schmätterball *(Smash)* | schmättere *(Smash)*

Turn-Anlass es Turner-Chränzli

Überschlag en Bürzlibaum | en Purzelbaum

werfen, zuwerfen en Gruess schicke *(Ball)* | iiloche | rüere | schmättere *(scharf)* | schucke | schüüsse | schwinge

es Tschippollata-Quintett
Hand

KÖRPER

After s Bäre-Aug | s Bull-Aug | s Hindertüürli | d Muffe | s bruun Ringli | s Rosettli | s Tüüfdruck-Ventil | s Ührli | de Uuspuff

Akne en Bagge-Berg | es Bibeli | es Liechtsignal | en Mitässer | en Püggel | e Süüre | en Truck-Hügel | en Vulkan im Gsicht

Augen Äugli | Blinker | Chluure | Chnöpf *(übermüdete Augen)* | Chriesi-Auge *(schwarz)* | Fänschterli | Glotzer | Glubscher | Guggerli | Lüscher | Öpfeli | d Optik | Pöppel | Sterne | es Vejeli *(blaues Auge)*

Augenringe Auge wie Schusswunde | Baumstämm unter de Auge | e Rännbahn um d Auge | Herr der Ringe | klöpfti Sicherige | Krater im Gsicht | olympischi Ring um d Auge | Täller | Vergnüegigs-Kurve | Winterpnöö im Gsicht

Bauchschmerzen Buuchgrimme | Buuchweh | Ranze-Goisse | Ranze-Pfiiffe | Ranze-Weh

Beine s Fahrgstell | d Haxe | d Loif | Puure-Pföschte *(dicke Beine)* | d Scheiche | d Schine | d Stelze | d Transport-Höögge | de Underbou

Blase d Blaatere | s Gebläänse | de Pipi-Sack

Blutkruste e Rife | e Rüfe

Cellulitis en Hagelschade | e Kraterlandschaft | Orangsche-Huut

dünne Menschen es Chnochegstell | en Hungerturm | Huut und Chnoche

dicker Bauch en Bier-Tumor *(Bierbauch)* | es Brouerei-Gschwür *(Bierbauch)* | en versänkte Buuchnabel | e Gädder-Büüle | en Güggeli-Friedhof | es Heubüchli | en Hopfe-Spoiler *(Bierbauch)* | es Michelin-Männli | en Panzer | e Pauke | en Pirelli | en Pnöö | en Ranze | e Sänkbruscht | en Schwümmring | e Trummle | e Wampe | en Wanscht | e Wöschtrummle

eine Hand voll es Füüschtli | e Hampfle | es Hämpfeli

feuchte Aussprache Ich mues de Rägeschirm uufspanne – es tröpflet!

Finger d Chlüppli | d Chnödli *(Fingergelenke)* | d Chräuel | d Erwerbs-Höögge | d Gicht-Höögge | d Griffel | d Griiferli | d Klööpe | d Tööpe | d Wix-Griffel | de Chueh-Nagel *(schmerzende Fingernägel bei tiefen Temperaturen)*

Fingergelenk es Chnödli

frieren fröschtle | gfröörle | en Gfröörli *(Person, die oft friert)* | Hüehnerhuut überchoo | schlottere | tschuddere | mit de Zäh chlappere

für die männliche Figur en Apparillo *(gross und breit)* | en Baum *(gross und breit)* | en Chaschte *(gross und breit)* | en Chäser *(muskulös)* | en Chliine-Ticke-Zämegflickte *(klein und dick)* | en Chraftmeier *(stark)* | e Crèmeschnitte *(attraktiv)* | en Fätze *(muskulös)* | en Gädderige *(drahtig)* | en Lauch *(schwach)* | en Mocke *(dick)* | en Oberturner *(muskulös)* | en Schwabbel *(dick)* | en Schwinger *(stämmig)* | en Spargeltarzan *(dünn)* | en vollgschissne Strumpf *(dick)* | en Wurscht-Muni *(dick)*

für die weibliche Figur Bei bis an Bode abe *(lange Beine)* | Bei wie-n-es Rehli – nöd so lang, aber so behaart! | e Riise-Chischte *(breites Becken)* | e Zwei-Zimmer-Wohnig *(breites Becken)* | en Arsch wie-n-e Vierzimmer-Wohnig *(dicker Po)* | en Arsch wie-n-es tuusigfränkigs Praliné | es BMW *(Brätt mit Warze)* | es Füdeli wie-n-es Chrischtbaumchügeli | Holz vor de Hütte *(grosser Busen)* | es gebärfreudigs Becki *(breites Becken)* | es geils Relief *(attraktiv)* | es krasses Chassis *(attraktiv)* | es Super-Gstell *(attraktiv)* | heissi Schine *(Beine)* | Heissi Schine – wie gseht ächt de Bahnhof uus? | Schine bis uf Rom *(lange Beine)* | Stelze *(schlanke Beine)*

Füsse Flosse | Laatsche | Paschteete | Quadrat-Laatsche *(grosse Füsse)* | Scheiche | Schweiss-Propeller | Teigg-Chlopfer *(Plattfüsse)* | Transportier-Häägge

Gebiss s Ässzimmer | d Chiisgrueb | uf de Felge frässe *(ohne Gebiss essen)* | s Klavier | de Räche | d Raffle | d Schublade | de Töggelichaschte | d Zwiebackfrääsi

Gehirn de Gedanke-Tresor | d Harddisk | s Hirni | d Hirnwindige | d Nudle | s Oberstübli

Gesäss s Achterdeck | en Arsch wie-n-e Vierzimmerwohnig *(gross)* | de Blaas-Balg | e Chischte | s Duftorgan | s Fudi | s Füdli | es Füdli wie-n-es Hürlimaa-Ross *(gross)* | de Gugelhupf | de Hinder | s Polschter | de Popo | d Sitzflächi | de Südpol | de underschti Rugge | de Vollmond

Gesicht e Faxe *(Grimasse)* | d Fiige | d Frässi | e Fratze *(hässlich)* | d Fritte | s Gätzi | s Gfräss | s Gsüün | en Lätsch *(trauriges Gesicht)* | en suure Stei *(grimmiges Gesicht)* | en Stolle-Pnöö *(Pickelgesicht)* | d Wisaasche *(franz. visage)* | s Zifferblatt | es Zwänzg-ab-Achti-Muul *(schlechte Laune)*

Glatze Bisch en Glatze-Cheib | Bruuchsch en längere Wöschlumpe? | de Intelligänz Platz mache | e Fleisch-Chappe | e Flüüge-Landepischte | e Flüüge-Schliifi | e hööchi Stirne | e polierti Billiard-Chugle | en breite Mittelscheitel | en Helikopter-Landeplatz | en Panzer-Chehrplatz | en Räge-Sensor | en VW mit Schiebedach | öpper cha sich mit em Hirschläder strähle | öpper cha sich mit em Wöschlumpe strähle | es Cabi *(Cabriolet)* | es langs Gsicht | es lueget scho de Karton füre *(eine Glatze ist im Anzug)* | es lugget | es Schiebedach | es schöns Gsicht bruucht meh Platz | es Tiroler Chnüü | s Hirni bruucht meh Platz | s Waldsterbe *(Haarausfall)*

grosse und hagere Menschen e aagleiti Fischer-Ruete | en aagleite Chleiderständer | en aagleite Stäcke | e Bohnestange | en tapezierte Chnoche | e uufgstängleti Packschnuer | e uufgstellti Packschnuer | em Heiland sis Bleistift | en Doppelmeter | e Fahnestange | en Giraff | en Gromadusi (en grosse, magere, dumme Siech) | es Gstell | es langs Eländ | es ufgstängelets Lölizüüg | en lange Lulatsch | en Lüücht-Turm | en Riis | en Riis-Otto | en Rübezahl | es Sörf-Brätt *(engl. to surf)* | en Spiise | en Spränzel | en Strich i de Landschaft | en Stürchel | en Wulchechratzer | Wie isch de Schneebricht? | Wie isch s Wätter bi dir obe?

Haare Chrusle *(Locken)* | Chrüseli *(kleine Locken)* | Chruut | d Fäde | d Matte | d Wule | d Schaffhuuser Wulle *(sehr dichte Haare)* | da hät s e Stäge drin *(schlechter Haarschnitt)* | de Filz | e Friise *(Frisur)* | e Fritte *(Frisur)* | e Gretli-Frisur *(Zöpfe um den Kopf)* | e Frisur wie us em Tömbler *(zerzaust)* | e Mähne *(lange Haare)* | e Vokuhila-Frisur *(vorne kurz, hinten lang)* | en Düse-Jet *(Frauenfrisur aus den 60ern)* | en Fluumer *(Lockenkopf)* | en Irokese-Schnitt *(wie ein Kamm)* | en Ross-Schwi *(Ross-Schwanz)* | en Tschuderhoiel *(ungekämmte Haare)* | es Buebezoikerli *(ins Gesicht gezupfte Haarsträhne)* | Haar wie öligi Butzfäde *(Locken mit Pomade)* | Häsch e füechti Wohnig? *(Frage an jemand mit grauen Haaren)* | s Gstrüpp | s Moos | s Stroh | Schnittlauch-Locke *(glattes Haar)* | Stahlwulle *(dichtes Haar)*

Hand d Tööppe | d Wurschtfinger | e Chelle | e Chralle | e Flosse | e Pfoote | en Taape | en Verdienschts-Haagge | es Tschippollata-Quintett | s Finger-Beeri *(Fingerkuppe)* | s Tööpli gäh *(die Hand schütteln)*

Haut mis Naturgwand | d Tapeete

Hautverletzung e Blojele *(blauer Fleck)* | e Brätschge ap | e Rife *(Blutkruste)* | e Schramme | e Schürfig | en blaue Mose | en Chräbel | en Flärre ap | es uufgschürfts Chnüü

Hämorrhoiden es Bürochriesi | Eppeeri am Uuspuff | Hämmerhode

heiser de Cheischteri haa | de Chischteri haa | e Chrott im Hals haa | en ruuche Hals haa | Schmirgelpapier im Hals haa | e Stimm wie-n-e roschtigi Schnurregiige | e Stimm wie-n-es roschtigs Gartetöörli

Herz d Hydraulik | d Pumpi | de Motor

Herzinfarkt de Pumpeflatteri | e Herz-Baragge | en Cholbe-Frässer | en Lager-Schade | es hät d Hauptsicherig putzt | es hät öpper vom Stängeli ghaue | es Herz-Chriesi

in der Nase bohren böögge | Gold schürfe | grüble | Höhle-Forschig betriibe | i sich inegah und s Bescht us sich usehole | s Bööggetach butze

kämmen d Flöh use hole | d Glatze poliere | d Wäle trucke | e Scheitle trucke | strähle

kauen biisse | chätsche | choie | iispeichle | mümmele

keuchen chiischte | piischte | pruuschte | schwer schnuufe

kleine Verletzung es Auahli | es Bebeeli | es Bobooli | es Weh-Wehli

knien chnüündle

Kopf d Bimbe | d Bire | d Blaatere | de Bölli | d Büchs | d Büüle | de Chessel | s Chlöpfschiit | s Chriesi | de Grind | d Grüebe | d Gürpse | de Herdöpfel | d Hirnwindige | d Lampe | d Möve | d Mürpse | de Näggel | de Nüschel | d Nuss | es Nussi am Chopf *(Beule)* | de Öpfel | de Püggel uf em Hals | d Räbe | d Rüebe | s Rüebli | de Schädel | s Schiit | d Schüssle | de Speicher | de Täät *(franz. la tête)* | de Tirggel | de Töggel | de Tötz | d Zentrale

Kopfschmerzen Bire-Figg | Bireweh | a mim Chopf aa isch Vollmond | Grindweh | min Chessel süüdet | mini Räbe fuulet | mir brummt d Bimbe | mir platzt d Blaatere | Tschäppi-Druck

krabbeln chräsme | chrüüche | schnaagge

kratzen chräble | chritze | d Fingernegel la rede | rubble

Mund d Brotlaube | s Frässbrätt | d Frässi | d Fueterlugge | de Lade | d Lafere | de Latz | s Muul | de Rüssel | de Schlitte | d Schnoigge | d Schnörre | s Schnörrli | d Schnuder-Brämsi | d Schnurre | d Schublade | de Suppe-Schlitz | d Zwiebackfrääsi

Mundgeruch de Schlammteckel isch offe | Hät dir e Chatz id Schnurre gschisse? | Kanalgas | Mundi | us em Muul stinke wie en Büffel us em Arsch | zum Schacht usestinke

murmeln munggele

Muskeln Muckis | Müüs | Oberärm wie Chüngelbüüch

Nackenstarre es Äckegstabi | d Hals-Cheeri | en stiiffe Hals

Nase de Bio-Fühler | de Böögger | de Bööggeturm | de Füürmälder | de Gsichts-Erker | de Haagge | de Nüschel | de Rotzhügel | s Schmöck-Schiit | s Schnuderbeeri | e Schnuder-Nase *(laufende Nase)* | d Schnupfgurke | de Staubsuuger | de Zingge

Ohren d Chabisbletter | d Flügel-Muettere | d Löffel | d Luuscher | de Windfang | d Ohre-Glanggerli *(Ohrringe)* | e Radar-Station *(abstehende Ohren)* | d Sägel-Ohre *(abstehende Ohren)* | öpper cha d Ohre uselitze zum brämse *(abstehende Ohren)* | chasch d Ohre inenäh – es hät kei Wind *(abstehende Ohren)*

reden, plaudern de Schnurrepfludderi haa | läärs Stroh dresche *(Nonsens reden)* | lafere | liire | plodere | ploiderle | quatsche | s Muul i Bewegig setze | schnädere | schnörre | schnurre | schwafle | tschättere

Rothaarige:r es Chupfer-Tach | de Dachstuehl brännt | es Füchsli | en Füürmälder | e Gfuchseti – en Gfuchsete | öpper lüüchtet i de Nacht | öpper hät Roscht uf em Tach | e Rootfüchsin – en Rootfuchs | en Rootschopf | e Roscht-Büüle | en Rüebli-Chopf | es Röötschi

schielen asymmetrischi Schiiwerfer haa | am Mittwuch beidi Sünntig gseh | is Öpfelmues luege | schräg luege

schlafen abligge | am Chüssi lose | bache | chnurre | chrööse | d Auge uf Null stelle | d Auge zuetue | d Batterie usenäh | d Feischterläde schlüüsse | d Ohrfalte bügle | en Nuck näh | en Schnurpf mache | es Blatt aazieh | es Chnüri montiere | es Chröösi riisse | es Döösi mache | es Liggi mache | nappe *(engl. nap)* | es Nickerli mache | es Nunu mache | es Pfnätti mache | id Heia gah | in Chopf ine luege | is Chüssi chnurre | is Chüssi-Kino gah | knacke | mütze | nunele | pene | pfnätte | pfnuchse | pfuuse | ruebe | s isch Chörbli-Ziit | s Mützli zieh | schlööfle | sich us em Netz abmälde | Siesta mache | uf Bettehuuse go pfuuse | d Diräktüberträgig us Bettehuuse lose | s Nachtprogramm us Bettehuuse lose | uf Öhrlike gah | uf s Ohr ligge

Schlaganfall en Birechlapf | en Motorschade | es Schlegli

schleichen düüsele | sich aaschliiche | täppele | umegeischtere | zechele *(Zehe)*

Schluckauf de Gluggsi | de Hitzgi | de Hitzgi-Hätzgi hinderem Haag

schnarchen Boim umtue *(Bäume fällen)* | chrööse | luut useschlaafe | saage

Schnauz en Bretscher | en Fideli-Räche | en Orgasmotronic | en Porno-Balke | e Rotz-Brämsi | e Schänkel-Bürschte | es Schnäuzli | en Schnuuz | es Suppe-Siib | es Teesieb

Schnupfen d Rüssel-Pescht | de Pfnüsel | de Schnuderi | de Schnupper

schreien, rufen brüele | brülle | chräje | d Gurgle wetze | en Goiss ablaa | goisse | heepe | möögge | möögge wie-n-e gstochni Sou | röhre | schreje

Schuppen en Parmesan-Räge

Speichel en Choder | de Goifer | de Sabber | de Spoitz | d Spucki | de Spudder

spucken chodere | en Grüene lade | en Grüene zwüsched d Auge trucke | goifere | spoitze

sterben abchratze | abserble | abträtte | d Auge zue tue | Bodehochsig haa | d Radiesli vo une gseh | d Rüebli vo une aaluege | de letscht Schnuuf mache | de Löffel abgäh | de Schirm zue tue | de Würm de Läbesruum chlaue | i di geischtig Heimet gah | iischlafe für immer | is Gras biisse | is Nirvana gah | s Gras vo une wachse gseh | s helle Liechtli gseh | s Holz-Pischama *(Pijama)* montiere | s viereggige Pischama aalegge | de hölzig Chittel aalegge | s letscht Mal warm schiisse | verräble | verrecke | zu de Ängeli gah

stottern staggele

weinen briegge | brüele | de Bäägg zrugghebe *(die Tränen zurückhalten)* | di gross Entwässerig haa | es Tränli vertrucke | flenne | horne | hüüle | lätsche | Salz verlüüre

Zähne d Biisserli | d Hauerli | d Proffle | d Raffle | d Töggel | d Töggeli figle *(Zähne putzen)* | d Vogese wüsche *(Zähne putzen)* | d Wängge | de Gartehaag verusse haa *(vorstehende Zähne)* | es Ross-Gebiss *(vorstehende Zähne)* | uf der Terrasse habere *(vorstehende Zähne)* | verusse ässe *(vorstehende Zähne)* | Vorsprung uf de Chueche haa *(vorstehende Zähne)* | Zäh wie-n-es abbrännts Walliser Dörfli *(braune Zähne)*

Zahnprothese d Adoptiv-Zäh | die Dritte | en Scherbe | e Schublade i de Schnurre

Zahnspange en Blätzhaag | en Gartehaag | e Schnee-Chette

mit de Pellerine go tusche

Sex mit Kondom

LIEBESLEBEN

eine Abfuhr erhalten aabränne | abblitze | en Chorb überchoo | e chalti Duschi überchoo | in Hammer laufe | da stah wie pstellt und nöd abgholt | im Räge stahglaa werde | en Schlag is Gsicht überchoo | en Schueh in Arsch überchoo | gschlossni Türe iiräne

anbaggern, aufreissen aabiime *(engl. to beam)* | aabohnere | aachratze | aafrääse | aagrabe | aakicke | aamache | aapirsche | aarämple *(plump)* | aaschnalle | am Haag frässe | aschpiriere | bearbeite | bi öpperem scharre | d Scharr-Ise montiere | d Schliifi aarüschte | d Stiigbügel montiere | de Bagger us de Garaasch fahre | de Güggel mache | e bruuni Zunge schwinge | fische | hine ine chrüüche | kaaste *(engl. to cast)* | uf de Riss gah | uufriisse | riisse | rissig sii *(auf dem Aufriss)* | schränze | sich aaschliime | sich öpper aalache

aufreizende Bewegungen beinle | füdele | füessele *(einander unter dem Tisch mit den Füssen berühren)* | s Chessi rolle | schwänzle

berühren, befingern aagrapsche | aalange | aatööple | bepföötle | betatsche | figureetle | fingerle | gnäppere | hämpfele | hoselädele | Mit de Auge luege! *(Nicht berühren!)* | näggele | nifele | striichle | tätschle | tööple | umetökterle

Brüste de Balkon | d Bölle | d Bull-Auge | de Chabis | d Chluurene | d Chnätt-Bömbel | d Chölbe | d Chrischt-Stolle | d Dudle | d Düüse | d Glogge | d Hähne | d Härzli | d Hügel | d Huupe | d Lampe | d Luscht-Chnoschpe | d Milchfabrik | d Milchfläsche | d Möbel | d Möcke | d Möps | d Ohre | d Omelette | d Öpfeli | d Püppis | d Püüpe | d Quarktäsche | d Rassle | d Schöppe | de Summer-Balkon | d Täller | d Täller-Miine | d Tänk | d Titte | d Töfflampe | d Töpf | d Tötz | s Üter *(Euter)* | d Wäje | d Zäpfe | d Zapfhähne | d Biberschwänz *(Hängebrüste)* | d Chnüü-Schoner *(Hängebrüste)* | Uuhuere-Chnüü *(grosse Brüste)* | es Schlüüdertrauma *(grosse Brüste)* | d Toni-Molkerei *(grosse Brüste)* | Holz vor de Hütte *(grosse Brüste)* | Hölle-Böle *(enorm grosse Brüste)* | RS – Riise-Schöppe *(grosse Brüste)* | zwee Riissnegel *(kleine Brüste)* | Smarties under em Teppich *(kleine Brüste)*

Brustwarzen d Igel-Nase | d Pirate-Auge | d Schläck-Zäpfe | d Schmier-Nippel | d Zäpfe | Töggeli-Wätter *(erigiert, bei Kälte)* | Voll-Liecht haa *(erigiert)*

entjungfern de Büchseöffner spile | s Chäller-Feischter iischlaa | s Chile-Feischter iischlaa | d Confi uselaa | s Hüütli trucke | de Kanal-Teckel uufmache | d Plombe usetrucke | d Unschuld näh

eine Erektion haben en Frosch i de Hose haa | schlafe wie es Velo – uf em Ständer | e Schlepp-Eichle haa *(Erektionsstörungen)* | en Ständer haa | es Zält haa | zälte

flirten Augesex haa | Blick schüüsse | karrisiere *(franz. caresser)* | kommerze | mit de Wimpere zwinkere | oigle | öpperem schöni Auge mache | süess tue | Süessholz raschple | um öpper ume scharwänzle

Freier de Hans Nötig | en Nutte-Töff | en Schläckstängel

Gummi-Puppe e Gummi-Susi | en Gummi-Peter | es Latex-Vreni

Hoden de Bim und de Bam | de Chlüüre-Sack | d Chlööte | d Chlüüre | d Chroonjuweele | d Eier | de Familie-Schmuck | de Glogge-Stuehl | s Glogge-spiil | d Kaschtanie | d Murmle | d Nüss | d Schälle | d Schläck-Chugle | de Sack | s Zentralmassiv

Kondom de Fallschirm | de Gebärmuetterhals-Kontaktbolze-Schoner | s Glondom *(engl. clown)* | de Gummi | d Gülle-Hülle | de Helm | de Jute-Sack | de Kampf-Händsche | de Katalysator | d Lümmel-Tüüte | d Luscht-Tüüte | de Pariser | de Präser | d Pellerine | d Nahkampf-Pellerine | s Preservoir | s Räge-mänteli | de Ramm-Büütel | de Schrumpfschluuch | de Socke | es Sacki-Verpacki

Kuss es Bussi | es Küssi | es Müntschi *(aus dem Berndeutschen)* | en Schläcker | en Schmatz | es Schmützli | en Suuger *(Knutschfleck)*

Menstruation d Alperöösli-Ziit | die roti Armee chunnt | Buuchweh mit Näbewürkige | rots Buuchweh | d Eppeeri-Ziit *(Erdbeeren-Zeit)* | sie hät die root Fahne duss | de Heinz i de Hose *(vom Ketchup der Marke Heinz)* | de Himbeeri-Pfnüsel | de Komunischte-Hueschte | sie hät de Maler im Chäller | d Mens | de Ölwächsel | d Pe *(für Periode)* | s Piratefäscht *(weil eine Binde getragen wird)* | d Schwiizer Wuche | d Stöpsel-Wuche | d Täg | d Tante Rosa isch uf Bsuech | s Tomatesuppe-Fäscht | sie isch unwohl | sie surft uf de rote Wälle | die Ziit im Monet

nackt adam | barfuess bis zum Chopf | blesch | blutt | füdi-fädi-blutt | füdli-blutt | nacktig

onanieren eine abzable | sich eine abe hole | mit de Hand büchse | eis gäg eis mache | eis handörgele | flappe | s Fingerli schiebe *(in die Scheide oder in den After)* | Handbetriib | hoble | eis kurble | Liebi an und für sich | nöldele | örge-le | eine ruble | rupfe | Sex an und für sich | sis eigete Süppli choche | spoit-ze | Täsche-Billiard spile | wädle | wiissi Soosse produziere | wixe | würfle | eis zupfe | Jetz gangi go vogle bis d Hand weh tuet!

onanieren (Männer) abspitze | absprütze | de Buuch schamponiere | de Chaschper schnüüze | s Chliihirn betätige | Crème heble | en chalte Puur ad Wand tätsche | es paar gueti Fründ uf d Reis schicke | am Kabel zieh | id Foif-Finger-Höhli gah | moderne Foif-Kampf | zu de Frau Fuuscht id Foif-Finger-Gass gah | d Fleischpeitsche poliere | d Flöte stimme | foif gäg eine (isch unfair) | foif gäge Willy spile | gitärrele | Glatze-Mütze-Glatze-Mütze | d Gurke würge | de Haas abzieh | a de Huut umeriisse | d Hand figge | d Händ wiiss mache | eis kaable | d Manuela bumse *(von manuell)* | eis vo de Palme wädle | d Pfiife uus-chlopfe | d Schlange würge | de Schimmel vom Salami chratze | d Stange riibe | d Wurscht pelle | de Willi chneble

One Night Stand churz aber heftig | en Ständ duregäh | en Ein-Nacht-Ständer | es eimaligs Höpperli | es Ine-use-Rendez-vous | öpper chehre | öpper verruume

Oralverkehr (bei Frauen) en Schluck us em rasierte Tässli näh | de Renault wäsche *(siehe Renault-Logo)*

Oralverkehr (bei Männern) eine blase | d Eichle butze | d Fleischflöte blaase | eis lule | s Muul wiiss aamaale | en Pinselreiniger | de Rache tapeziere | d Stoss-Stange poliere | de Sack uussuuge | s Schnäbi chätsche | wiissi Soosse trinke | eis tschuppe *(von den Lutschern Marke Chupa Chups)* | mit emene Wienerli d Zäh butze | am Zipfel suuge

Penis d Antäne | s dritte Bei | s Mittel-Bei | de Chlii | de chlii Fründ | s chline Hirni | de Cholbe | de Dübel | de elfti Finger | de Fisch | s Fleischgwehr | d Fleischflöte | d Fleischpeitsche | de Gebärmuetterhals-Kontaktbolze | de Gebärvatter | de Gigel | de Hammer | de Kolleg | s Komma | de Luscht-Barometer | d Luschtgurke | de Luschthobel | d Luschtwurzle | d Pfiiffe | s Pfiifeli | de Pimmel | de Pimpel | de Prinz | d Rageete | d Raupe | d Röhre | d Ruete | de Rieme | s Schnäbeli | s Schnäbi | de Schwängel | de Schwanz | de Seckel | de Soiffespänder | de Ständer | de Stängel | d Schnuderflinte | d Sprützkanone | d Ständerlampe | d Stoss-Stange | d Tschiggiita *(Chiquita)* | s Verlängerigskabel | d Wasserpischtole | de Wäg-Wiiser | de Zapfe | de Zipfel

Samenerguss absafte | absprütze | de Sack lääre | jedes Tröpfli git es Chöpfli | s Magazin lääre | en gsprützte Wiisse

Schamlippen d Chalbs-Blätzli | d Chalbs-Schnitzeli | d Schamlümpe | s Fuetter lampet zu de Täsche uus *(vergrössert)*

Scheide s Bäre-Aug | s Bermuda-Drüegg | s Bisi | s Büsi | de Biber | de Fisch *(wegen des Geruches)* | d Fleischmuffe | d Grotte | d Klit *(Klitoris)* | s Luscht-Tunell | d Luscht-Grotte | d Mööse | d Muschi | d Mumu | s Müscheli | d Penis-Leitplanke | d Pussy *(engl.)* | d Ritze | d Schnitte | de Schlitz | de Schnägg | s Schnäggli | de Soosse-Schlitz | de Truthahn | d Tropfstei-Hööli | d Turnhalle | d Wöschchuchi | d Ziilschiibe | de Zigerschlitz | s Zwätschgeli | me gseht ihre bis is Heuried ufe *(Schamhaar ist sichtbar)*

Sex en Abstrich | es Bümsi | Fädere-Gymnastik | es Hötterli | es Nümmerli | e Tunell-Fahrt | es Zämesetzi | es Zibi

Sex haben aadocke | absprütze | abtrucke | anenand hangebliibe | bänge | baunze *(engl. to bounce)* | bi öpperem abschlüüsse | bocke | bölze | bümperle | bumse | Bumsitis haa | bürschte | Bürschtitis haa | drüber gah | fädere | fidle | figge | fiile | fischle | fröschle | füürwehrle | högere | Höhle forsche | höpperle | hörnle | hötterle | knalle | knattere | knirpsle | kurble | eis lädere | laiche | Liebi mache | loche | mütze | pimpere | pompe | poppe | porzioniere | rammle | riite | röödle | ruesse | rumple | rüttle | eis schnäggle | sattle | schnaaggsle | schnupsle | stäche | stecke | stoosse | stöppsle | tökterle | turne | umehorne | umesoile | vögle | zäme umgheje | d Büüch riibe | s Blüemli güüsse | de Bär füettere | d Briefmargge-Sammlig zeige | d Chällerstäge usefäge | de Chraane zügle | d Eier versorge | de Ferrari versorge | de Föhn frisiere | d Garaasch butze | s Gärtli sprütze | s Gipfeli tünkle | de Laich abstreife | s Loch verdichte | d Liebi in Buuch hinderegarettle | d Luschtwurzle uustrucke | d Madratze beschwääre | mit em rote Maa d Höhli erforsche | de Pinsel inehebe | de Püntel inehebe | de Rieme schliiffe | s Rohr verlegge | s Rüebli id Turnhalle gheje | de Saame setze | de Sack lääre | de Schirm iistelle | d Seichgschirli zämestecke | uf em Stängeli umefurze | es Strichli mache | uf de Töff sitze | id Vogelbüsch go hasle | uf di Kanarische Vögel go insle | uf de Üetlivogel go bergle | en Vitamin-Stoss gäh | d Wurzle tünkle | de Zylinder schliiffe

Sex haben mit jemandem betanke | chlöpfe | durejoggle | dureörgle | dureruesse | durehoble | durenudle | durewalze | durezieh | flachlegge | hösle |

inezieh | knalle | knipse | mache | nagle | nusse | rattere | stanze | stopfe | stuehle | montiere | ochse | trucke | übercheere | überstelle | umlegge | verruume | versaage | verschnätzle | versorge | verhudle | vernasche | verstämpfle | weggstecke | uf de Bock rüere | über s Cornet zieh | uf de Chraane rüere | über d Eichle stülpe | an Grossrächner aaschlüüsse | ad Wand nagle

Sex haben mit jemandem (mit Kondom) d Gülle-Hülle fülle | mit Katalysator | mit de Pellerine go tusche

Sexuelle Praktiken Gruppesport mache *(Orgie)* | en Rudelbums *(Orgie)* | im Vercheersverein mitmache *(Orgie)* | Nimm zwei – für en flotte Drüer! | en Schoggi-Stich *(anal)* | ine-use-fertig *(Quickie)* | plug & play *(Quickie; engl.)* | en ächte Pirat sticht au is rote Meer *(während der Mens)* | über s Rot Meer sägle *(während der Mens)*

schmusen enand abschläcke | Bakterie uustuusche | blätze | Blätz verteile | chäschperle | chnüschperle | Choigummi tuusche | Chöpf uufblase | en foifminütige Choderwächsel mache | Gurgeli-Hockey mache | knuutsche | poliere | de Saft zum Gääre bringe | schambriere | schätzele | schmoore | schmuse | schmüsele | schnäpperle | Speichel-Hockey mache | Speichel uustuusche | es Schmüüsi | stinkfingerle | süüde | e Rundi süüde | umechäpsle | umefigureetle | umemache | umeörgele

Seitensprung fremd gah | fremd-hösle | über de Haag frässe | näbetuse frässe | öpper hät d Goldmedaille im Siitesprung

sexuell erregt brünschtig | geil wie Sau | giggerig | gstauti Halsveene haa | güfig | gümpig | hörnig *(engl. horny)* | horny *(engl.)* | läufig | parat | rammlig | rattig | rollig | scharf wie-n-es Chuchimässer | scharf wie-n-e Trännschiibe | s Stange-Fieber haa | spitz | spitz wie sibe Chele-Spitz | spitz wie-n-en Dart-Pfiil | e ticki Hose haa *(männl.)* | wuschig

Spanner en Glüschtler | en Luschtmolch

Tampon en Bluet-Egel | Inne-Isolation für öpperem sin Hobby-Ruum | en Kanalteckel | en Staudamm | en Stöpsel | en Tee-Büütel | es Torpedo | es Torpedo mit Abschussrampe | en Zapfe

Vibrator de Elektro-Prinz | de Rosette-Stöpsel

Zungenkuss s Bläch inehebe | de Blätz inehaue | öpper inefrääse | tömblere *(engl. tumbler)* | en Tüüfbohrer | umezüngle | Zähbutze-Plus | züngle | es paar Quadratmeter Zunge verlegge | d Zunge id Ferie schicke | d Zunge trucke | e Zunge-Rulaade

es Stinkstifeli
Baby

BEZIEHUNG & FAMILIE

Alimente Hoselade-Stüüre | Kabel-Gebühre | Nachschuss-Prämie | Sack-Gebühre

Baby en Aahang | en Alimänte-Geier | es Bébé *(franz.)* | es Bébéli | es Beibeli *(engl. baby)* | e Brei-Marderi – en Brei-Marder | e Brei-Schiisseri – en Brei-Schiisser | es Buscheli | es Buschi | es Chäferli | en chliine Chnopf | es chliises Chind | en Chrugelchopf | en singende Fleischchäs | en Fleisch-Wecker | en Gremlin | es Gschänk vom Chlapperstorch | es Höckli *(ab 1 Jahr)* | es Holzhirni | e Larve | es Mädli | es Muntschli | es Muul meh zum Stopfe | es Nuggi-Monschter | es Nüüteli *(Frühgeburt)* | es Poppi *(aus dem Rätoromanischen)* | en Säuger | e Schlafstörig | es Schnürggeli *(Grimasse eines Kleinkindes)* | schön i dr Wiege – wüescht uf dr Gass | e Stinkeri – en Stinker | es Stinkstifeli | en Strambambeli | en Strampeli | en Suggel | es abverheits Verhüeterli | e Windlefülleri – en Windlefüller | en Wurm | es zahloses Monschter *(Schreikind)* | en Züri-Füffzger

Beerdigung e Bode-Hochsig | e Grebt | es stills Gleit

eine Affäre haben öpper a de Angle haa | en Anderi oder en Andere haa | e Doppelschlöferi sii – en Doppelschlöfer sii | über de Gartehaag frässe | d Goldmedallie im Siitesprung haa | es Gschleik haa | es Gschmuusi haa | es Gspöönli haa | es Gspuusi haa | e Liebschaft pfläge | es Liebesgschwadder haa | es Näbedgrüüsch haa | öpper in Reserve haa | es Stämpfelchüssi haa | d Summervögeli neumet andersch flüüge laa | es Techtelmechtel haa | öppis zäme haa

eine Beziehung haben di goldig Chette aahaa | e Chischte haa | Chörbli-Kolleginne oder Chörbli-Kollege sii | mit öpperem gah | under em Hammer sii | e Infrastruktur haa | e oder en LAB haa *(Lebensabschnittsbegleiter:in)* | kontrollierti Lämpe haa | verbändlet sii | en sichere Wert dihei haa | zäme gah | zäme Schäfli hüete | zäme schiebe | zäme sii

Ehering en Bsetzi-Stei | s Fang-Ise | d Handschälle | di goldig Handschälle | d Vogelwarte Sämpach

Eltern d Elschtere | d Regierig | s Mami *(Mutter)* | d Müetsch *(Mutter)* | de Papi *(Vater)* | de Vätsch *(Vater)*

Familienzusammenkunft en Familie-Schluuch

Freund, Partner de Aahang | de Alt | de Begleitschutz | de Besamer | de Biischläfer | de Bock | de Böögg | de Gaageli | de Güggel | de Gutterebutzer | min Liebschte | de Poschti-Täsche-Träger | d Regierig | de Schangli | de Schieber | de Schifer | de Schnäpsler | de Sprützer | de Stächer | de Vatter

Freundin, Partnerin de Aahang | di Alt | s Büsi | de Entsafter | s Fähli *(Fell)* | d Flamme | d Hänne | d Muetter | d Perle | d Regierig | d Schabe | d Schnalle | d Schnäpfe | d Schnitte | d Stute

gebären abferkle | chalbere | uf d Wält stelle | werfe

Kinder Ableger | aktivierti Spermie | Binggis | Brei-Frässer | Chaote | Chinderli | mit Chind und Chegel *(mit der ganzen Familie)* | Chliini | Chnöpf | Chnöpfli | en Chüngel | es Finettli *(zierliches Mädchen)* | Gnääggis | Goofe | Gööfis | es Gööfli | Gumpeseli | Hamburger-Verwerter | d Jungmannschaft | en Knirps | es Mamititti *(anhänglich)* | de Nachwuchs | es Pflüütli *(molliges Mädchen)* | en Plääri *(weinerlich)* | en Plääri-Goof *(weinerlich)* | Pommfritt-Frässer | e Rasselbandi | Rotze | Schlümpf | es Schlüssel-Chind *(Kind von Eltern, die kaum zu Hause sind)* | Schnoddergönggel | Schnudergoofe | Setzling | en Soibueb | en Soigoof | es Soimeitli | Spätzli | Stöpsel | en Strubli *(Knabe mit ungekämmtem Haar)* | Stumpe | Stützredli-Terrorischtinne – Stützredli-Terrorischte | Wade-Biisser | en Zwäng-Goof *(quengelnd)* | en Zwängi *(quengelnd)* | Zwerge

Kindergarten d Chegeli-Schuel | de Chindsgi | d Gfätterli-Schuel | d Gfätti | d Häfeli-Schuel

Kinder hüten babysitte *(engl.)* | gaume | hüete

Kleinkind en Blääri | es Buzli | en Goiferi | en Goof | es Gööfi | e Hoseschiisseri – en Hoseschiisser | en Hösi | en Moschtchopf | en Müggel | en Pfüderi | en Pfüdi | es Pisserli | en Schnügel | es Stinkerli

schlecht erzogenes Kind das hät de Aastand au nöd mit Löffel gfrässe | das hettsch au gschiider am Liintuech abbutzt | das isch em Tüüfel ab em Chare gheit | das macht alles, as Gott verbotte hät | dem chunnt nur Seich in Sinn | en Löligoof | en Lümmel | es Luusmeitli – en Luusbueb | en Luuszapfe erschter Güeti | en Rotzlöffel | en Schnudder-Goof | en Sougoof | en Strick

Kosenamen Allesabeschluckerli | Amediesli | Ängeli | Anke-Flöckli | Augesternli | Augöpfeli | Bibi | Böhnli | Bölleli | Böpperli | Bubeli | Büebli | Bugi | Büsi | Chäferli | Chätzli | Chnopi *(Abk. für Knollenblätterpilz)* | Chnöpfli | Chnuschperli | Chnuschpertäschli | Chröttli | Chrüseli | Flöckli | Goldchäfer | Hasibärli | Häsli | Häxli | Herzchäferli | Honey *(engl.)* | Honigbienli | Joggeli *(tröstend)* | en Knubbel *(jem. zum Knuddeln)* | Liechtli | Lumpetitti | Lumpetuech *(scherzhaft, nach einem Kinderstreich)* | Mausebärchen | Möckli *(mollige Frau)* | Mückli |

Muggi | Murmeli | Muus | Müsli | Perle | Pflödderli | Pfüderi | Prinz | Prinzli | Rugeli | Schnuggifudiseichbei | Snuggel | Schätzi | Schätzeli | Schläckerli | Schnadehüdeli | Schnäggechäfer | Schnäggli | Schnätzli | Schnitte *(Sahneschnitte)* | Schnuggebuzzeli | Schnuggi | Schnugipupsi | Schnurpeli | Schnusi | Schnusimusi | Schnüfel | Schnüf | Schnügel | Seelewärmerli | Spac | Spätzli | Sternli | Sternschnuppe | Stinkerli | Strampli | Sunneblüemli | Sunneschii | Sünneli | Süürmeli | Tickerli *(Dickerchen)* | Tigi | Tigerli | Totschli | Tummerli *(tröstend)* | Zuckerschnoizli | Zuckerschnägg | Zwergli

Milchflasche de Boppe in Bopf *(Schoppen in Kopf)* | en Schoppe | schöppele *(die Milchflasche verabreichen)*

unbrauchbare:r Partner:in e Sahara *(wüst)* | die oder de chasch in Wind schüüsse | e Wegwerf-Lisi

schnullen nüggele

Schnuller en Bäpf | en Nuggi

schwanger e schwangeri Bergänte | en Brate i de Röhre haa | en Chueche im Ofe haa | en gfüllte Biber | i andere Umständ | trächtig

sich trennen abhäggle | absaage | abschüüsse | de Abschied näh | de Blind näh *(vom Jassen)* | de wiiss Brief schicke | id Chriesi schicke | dismisse *(engl. to dismiss)* | d Finke chlopfe | gheje laa | en Gingg in Arsch gäh | s isch grisse | katte *(engl. to cut)* | de Laufpass gäh | quitte *(engl. to quit)* | rüere | de Schueh gäh | es isch Sense | schicke | Schluss mache | schwänke | sich separiere | spüele | uf d Transfer-Lischte tue | usenand gah | id Wüeschti schicke | wüsche

sich verlieben abfahre uf öpper | dehiischmelze | die roserot Brüle aahaa | i öpper verknallt sii | mir hät s de Ärmel inegnoo | s hät mi inegnoo | s hät mi verwütscht | s Herzflattere haa | sich i öpper verluege | uf öpper stah | verknallt über beidi Ohre | verliebt wie zwei Maiechäfer | verschätzlet sii | verschosse sii

Verwandte de Brüetsch *(Bruder)* | d Schwees *(Schwester)* | d Schwöö *(Schwester)* | d Bäsi *(Base)* | e Cousine *(franz., Base)* | en Cousin *(franz., Vetter)* | e Cou-Cousine *(franz., Base 2. Grades)* | en Cou-Cousin *(franz., Vetter 2. Grades)* | s Schwiegermonschter *(Schwiegermutter)* | di schwierig Muetter *(Schwiegermutter)* | de Schwartefigger *(Schwiegervater)* | d Gäge-Schwer *(die anderen Schwiegereltern)* | Gotte und Götti *(Patin und Pate)*

Verwandtschaft de Clan *(engl.)* | d Truppe | de Zoo | en Familie-Schluuch *(Familientreffen)*

zwischenmenschliche Beziehung Under jedem Tach es Ach

s elektrischi Grosi

Fernseher

HAUSHALT

Abfall de Dräck | de Ghüdder | de Güsel

Abfalleimer en Abfall-Chübel | en Chaakübel | en Güsel-Chübel

Abfallsack en Khüder

Ablaufrinne en Tachhängel

Abschiedsgeschenk en Bhaltis

Abwasch-Handschuh de Familie-Pariser

Abwasser e Bschütt

angebrannt aaghocket | verbrännt | verbrötlet | verchoolet

Aschenbecher en Aeschbacher | en Äschbi | en Äschetätsch | en Chräbs-Täller | en Fidibus | en Schlacke-Chessel | e Stumpe-Schiissi | e Urne

Attika-Wohnung en Adler-Horscht | e Chole-Chammere | en Maschtchorb

Badewanne en Suppetopf

Bandverschliessapparat en Baverschlapp *(Abk.)*

Batterie d Bakterie | sie isch dune *(entladen)*

Besteck s Werchzüüg | De Papscht hät z Spiez s Späck-Bsteck z spaat bstellt *(Zungenbrecher)*

Bett d Chlappe | s Chischtli | s Chörbli | s Etui | d Fädere | d Furzfalle | d Furzmatte | d Furzmulde | d Koje | d Luscht-Wise | s Milbe-Paradiis | s Näscht | d Pfanne | de Riit-Stall | d Schlafstell | d Spiil-Wise | d Turnhalle | s Trampolin | s Traumschiff | s Wanzeschiff | s Zeinli

sich im Bett herumwälzen fägnäschte | umenäschte

Bleistift en Blefi | es Bleiwiisli | es Blufi

Blumenstrauss Drache-Fueter | e Hüüchler-Stuude | en Flattier-Bäse | en Hüüchler-Bäse | en Meije | en Struuss | es Buggee *(franz. le bouquet)*

Bollerwagen es Leiterwägeli

Brennholzbündel es Bürdeli

Brettspiele s Hüetli-Spiil | s Leiterli-Spiil | s Nüüni-Maal *(Mühle)* | s Nüüni-Zieh *(Mühle)*

Briefklammer e Bürochlammere

Brille di zweite Auge | en Intelligänz-Verstärcher | es Lueg-Ise | en Nase-Töff | es Nase-Velo | en Video-Vorverstärcher | es Vor-Feischter | (Bülacher) Fläscheböde *(dicke Gläser)* | es Panzer-Glas *(dicke Gläser)*

Bruchbude e Villa Heb-di-fescht | e Villa Wanza *(voller Wanzen und anderem Getier)*

Bügelbrett es Glettibrätt | de Glettimaa

Bügeleisen es Glettise

bügeln glette

Dachboden de Eschtrich | d Grümpel-Chammere | d Winde

Dampfabzug s Arschloch vo de Chuchi | de Chuchi-Uuspuff

Delle e Duele | es Ine-Tüeli

Dia-Betrachter de Gucki

durcheinander chrüsimüsi | durenand | hinderfürschi | zunderobsi

Dusche e Rägemaschine

duschen e Tuschi näh | es Tüschi heize | tüschele

DVD e Schiibe Film

Einkaufstasche mit Rädern s Mu-Schi *(Mutterschiff)*

Einkaufswagen es Poschtiwägeli

elektrischer Strom de Pfuus | s Elektrisch

Energieverschwendung verruse heize | S isch no keine verstunke – aber scho verfrore *(weit offene Fenster bei kaltem Wetter)* | Heizisch ganz Mittel-Europa? *(weit offene Fenster bei kaltem Wetter)* | Heized Ihr de Wältruum? *(weit offene Fenster bei kaltem Wetter)* | Händ Ihr e Fäschtbelüüchtig? *(Licht im ganzen Haus)*

entsorgen in Abfall gheje | is Brocki gäh *(Brockenhaus)* | chüttere *(süddt. Kutter, Müll)* | furtrüere | ghüdere | schmeisse | schwinge | uf de Mischt rüere | uusmischte

entzwei abenand | flattü | futsch | halbiert | putt | verknellt

Esstisch de Äss-Egge | de Fuetter-Trog | d Fuetter-Bank | d Mampf-Planke

Faden Bärefade | Sternfade

fehlerhafte Ware Güngeliwaar | Hundwaar | us em letschte Uusverchauf | Uusschuss

Fenster es Feischter

Fensterläden Bäle *(gebräuchlich im Tösstal)*

Fernbedienung s Stäbli | s Trucki

Fernseher de Affechaschte | d Chischte | d Flimmer-Chischte | d Glotze | s Glotzophon | es farbigs Gmäld | s elektrischi Grosi | de Gück | s Heimkino | de Huus-Altar | s Pantoffelkino | de Ti-Vi | en Total-Verblöder *(TV)*

Feuerwerk en Chlöpfer | Fraue-Fürz *(kleine Petarden)* | Schwärmer *(grosse Petarden)* | en Thönder *(engl. thunder)*

Feuerzeug en Flammewärfer | es Flüügzüüg | es Füüri | es Pötäterli *(franz. peut-être, weil es vielleicht funktioniert)* | es Verlürzüüg

Flasche e Buddle | en Glas-Sack | e Guttere | e Guuge | en Hegel *(Bierflasche)* | e Hülse *(Bierflasche)* | e Quarzsand-Täsche

Fleck en Fläcke | en Flärre | en Mose | en Schlirgge *(Schlieren)* | en Tolgge

Fotografie e Foti | es Foto | en Helge | en Schnappschuss | es Sälbschtli *(ein Selfie, engl.)*

Fotokamera en Foti

ein Gefäss leicht kippen helte

Gegenstand Dingsbums | es Ding | es Dingens | es Dings | es Maschäng *(franz. la machine)* | es Teil

Gehörschutzpfropfen Ghörsch-d-Futz-tropfe? | Ohrezäpfli

Gekritzel es Gchafel | Hüroglüfe

Gemälde en Helge

Geräteschuppen es Schöpfli

Geruch in einem ungelüfteten Zimmer es mäggelet | es müffelet | da schmöckt s aber wieder puffnuttig

Gerümpel s Glumpp | s Gschmeus | ruume *(entrümpeln)* | öppis zum Uusrangschiere

Geschirrspüler e Abwäschmaschine | es Bläch-Mami | e Porzellan-Schlüüdere

Gewehr d Artillerie | en Ballermann | e Blei-Sprütze | es Blasrohr | es Botschafts-Saxophon | es Chlöpf-Schiit | s Chnebeli | e Flinte | e Flööte | es Füsij *(franz. fusil)* | e Füsiletta | en Hülsebrünzler | en Locher | e Pumpi | e Susi | de Karli Briner *(Karabiner)* | en Chleiderchaschte-Bewacher *(Sturmgewehr)* | en Neutralitätsbewahrer *(Sturmgewehr)*

Glut d Gluese

Gummiball en Flummi

Gummistiefel Gülle-Schlüüch

häkeln häggle

Handarbeiten büeze *(nähen)* | chlöpple | häggle *(häkeln)* | lisme *(stricken)* | d Lismete *(Strickwaren)* | d Lismig *(Strickwaren)* | wifle *(Löcher stopfen)* | zämeschnurpfe *(zusammennähen)*

Handgriff en Handhebi | en Hänkel

Handtuch es Tüechli

Haus s Heimetli | d Höhli | d Hütte | d Loosche *(Loge)* | de Stall | Ich mues hei – d Mieti lauft!

Hausbau d Uufrichti *(Aufrichtfest)* | es Richtfäscht *(Aufrichtfest)* | es Tannli uf em Tach haa *(Haus ist aufgerichtet)*

Hauseinweihung e Huusroiki | es Näschtfäscht

Hausmeister de Abwart | de Huuswart

kleine Holzkiste es Gätterli | es Truckli

Holzscheit es Hölzli | es Lättli | es Schejeli | es Schiitli | es Schindeli | e Wädele

Holzspickel en Spiise

loses Kalkstein-Mauerwerk e Bollestei-Wand

Kamin es Chämi | en Hütte-Uuspuff | en Schlot

Kamm en Flöh-Räche | en Strääl

kaputt es isch abeghueberet | es isch abenand | es isch bürtzig | es isch futsch | es laat | es läggt | es lugget | es gaht vor d Hünd | es gaht zur Sou | es hät en Riss | es hät en Sprung im Chacheli

kleine Keramikschüssel es Chacheli | en Kafimocke-Bächer | es Schüsseli

Kerbe en Hick

Kinderspiele Aazelle-Bölle-Schelle *(Zählreim)* | Fangis | Gränz | Iiluege | Lueged nöd ume – de Fuchs gaht ume | Roiber und Bulle | Roiber und Poli | Sässelitanz | Schiitli-Verbannis | Schwingis *(Spiel mit kleinem Ball)* | Versteckis | Völk *(Völkerball)*

Kinderwagen en Baby-Porsche | en Windle-Porsche

Kiste e Trucke | en Harass *(für Flaschen)*

Kleiderschutz für Kinder en Goifer-Lappe | en Läddi | en Latz | es Lätzli | en Musueli | en Tachhängel

Kleinkram Chliigschmeus | Chrüsimüsi | Gäggelizüüg | Gschmeus | Nifelizüüg

Knäuel e Chrungele | en Wullechnoiel

Knick en Buck | en Egge | es Eselsohr *(in einem Buch)* | en Falt | e Furche

Kochkurs d Chotzi | d Röschti-RS | s Röschti-Tech

Kochtopf es Tüpfi

Koffer e Guffere

Kopfende des Bettes d Chopfete

Korb en Chratte | e Chrääze *(Rückentragkorb)* | e Hutte | es Rääf *(Rückentragkorb)* | e Zeine

Kreis en Rundumel

Kreisel (Spielzeug) en Surri | en Surrimutz | en Surrli

Kugelschreiber en Chribbel | en Chugi | en Chugi-Boogie | en Kuli

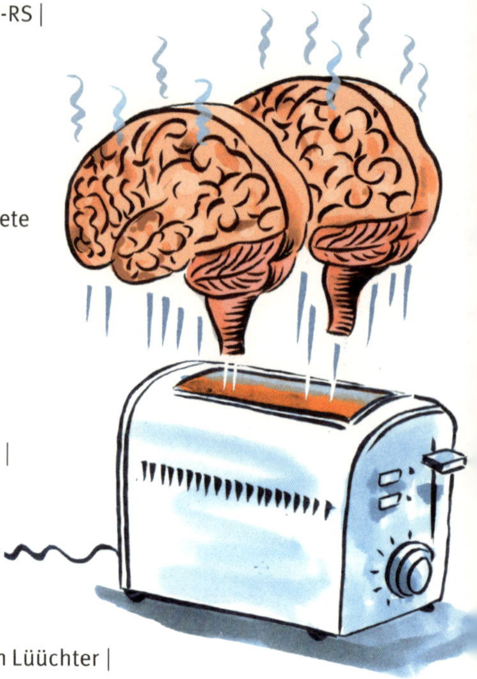

Lampe e Latüttere *(Laterne)* | en Lüüchter | e Pfunzle

das Licht ausschalten ablösche | abstelle | uusmache

das Licht einschalten aalösche | aatreje | d Lampe aazünde | hell mache | s Liecht aamache

Lukarne (Dachfenster) e Guggeere

Masse es Bitzeli *(ein wenig)* | es Birebitzeli *(ganz wenig)* | e Hampfle *(eine Handvoll)* | es Mü *(so gut wie nichts)* | en Chlaafter *(schweiz. Holzmass)* | en Ster *(schweiz. Holzmass)*

Megaphon e Flüschtertüüte

eine kleine Menge Flüssigkeit en Gutsch | es Gütschli | en Schluck | en Sprutz | es Tröpfli

Mikrowellen-Ofen e Fuuli-Lüüt-Chischte | e Migrowälle *(von Migros)* | en Öschtriicher-Fernseh | en Radar-Ofe

grosse Milchkanne (landw.) e Bränte | e Milch-Bränte | e Tanse

Mobiltelefon de Apparat | en Biresüüder | de Chnoche | s Ding | s Foun *(engl. phone)* | de Funkprügel | s Händi *(engl. handset)* | s Hantli | de Hirnibraater | de Hirntooschter *(engl. toaster)* | en Lall-Chnebel | s Moubail *(engl. mobile)* | di elektronisch Nabelschnuer | s Natel *(Abk. für Nationales Auto-Telefon)* | d Nadle *(von Natel)* | d Nathalie *(von Natel)* | de Sackgäldverpuffer | de Sackvibrator | de Strahler | d SMS-Schlüüdere | de Spräch-Chnoche | de Tumor-Beschlüüniger | e Tuume-Schriibmaschine

Motorsäge en Chette-Töff | en Fichte-Töff

MP3-Player e Ego-Disco | es Ohre-Geblääse | en Podi *(iPod)* | iPod Totsch *(iPod Touch)* | Isolations-Pfröpfe *(Kopfhörer)*

Murmel e Chluure | e Chlüüre | es Chügeli

Möbelhäuser Ich kriege einen Anfall *(Ikea)* | de Pöbelmischter *(Möbel Pfister)*

Nadel e Gufe | e Schlüüss-Gufe *(Sicherheitsnadel)*

nähen büeze

Nähkissen s Gufechüssi

Nähzeug s Fadezeindli

Ofenbank e Chouscht

Ordnung Wer Ornig hät, isch nume z fuul zum Sueche | Jedes Ding a sim Ort – erspart viel Müeh und mäng böses Wort

kleine Perle es Chrälleli

Pfütze e Glungge | en Gumpe | en Gunte | e Lache

Pistole en Blei-Föhn | en Föhn | e Knarre | en Meuchelpuffer | s Nachttischschublade-Hüeterli | e Plämpe | e Potänz-Sprütze | e Spitole | en Revi *(Revolver)*

Plastiksack en türkische Diplomatekoffer

Platz haben Spatzig haa | sich chöne vertue

Puppe es Bääbeli | es Bääbi

Puzzle es Zämesetzi

Reinigung und Unterhalt en Blocher *(Gerät für die Bodenversiegelung)* | e Fäg-Bürschte | en Fluumer | d Früehligs-Butzete *(Frühjahrsreinigung)*

reparieren flicke | schlüssle | wieder z laufe bringe

reparierte Stelle en Flick

Riss en Schranz

Rückenkorb es Chräätzi *(vor allem von Sennen benutzt)*

Sackmesser en Chrottestächer | en Hegel | en Sackhegel

Schachtel e Trucke | es Trückli

Schaufel en Schanzchnoche *(militärisch)* | e Schuufle

Schaukel e Gigampfi | e Gireizi | es Riitiplampi

Schaukelpferd es Gampi-Ross | es Hü-Rössli

Scheune en Schopf | e Schüür

Schlafsack e Furzgugge | e Furztüüte | es Ganzkörperkondom | e Mütz-Tüüte | e Penn-Tüüte | e Schlummer-Tüüte

Schlafzimmer d Bettstatt | d Muni-Chammere | d Riithalle | d Sattel-Chammere | d Sprung-Aalaag

Schlinge en Lätsch *(bei Schuhen)* | en Schlick

ins Schloss fallen zuegheje | zueschnättere

Schmuck Ohre-Glanggerli *(Ohrringe)* | Tschumpel-Gold *(Edelmetall-Imitation)* | TTG *(Tössemer Tramschinegold)*

Schnick-Schnack Gugus | Schi-Schi

Schrank en Chaschte | es Chuchichäschtli *(Küchenschrank)*

Schrebergarten e Büezer-Villa | e Fübü-Ranch | en Gmüesblätz | en Streber-garte *(weil jeder besser als der andere sein will)*

Schreibstift en Schriiber | es Schriibi

Schrubber en Strupfer

Schubkarren e Bänne | e Garette

Schultornister en Haar-Aff *(befellt)* | en Schuelsack | en Thek

Schürze e Schoibe | e Schooss | en Schurz

Seilzug en Fläsche-Zug | e Seilwinde

Sense e Sägisse

Sofa en Divan | es Gligger | e Gusch *(engl. couch)* | s Gutschi | es Kanapee *(franz. canapé)* | es Ruheekanapee | en Stoff-Balke

Sonnenbrille en Nase-Töff | es Solar-Velo | es UV-Filter-Gstell

Sonnenschutz-Markise es Rollo | en Store | en Sunnestore

Sonnerie, Türglocke e Glogge | e Lüüti | e Schälle | s Lüüti-Spiili mache *(klingeln und davonrennen)*

Spielfigur (bei Brettspielen) en Mannsgöggel | en Manöggel | es Töggeli

Spielzeug-Pistole e Chäpsli-Pischtole

Splitter en Spiise | en Spriisse

Stall en Gade

Stapel e Biig | e Biigi | en Huufe

Staubsauger en Brösmeli-Töff | en Staubsi | en Suuger | en Suugi

Stilleinlagen Suugböde

Streichhölzer Zündhölzli | Zundhölzli-Zoishündli

stricken lisme | e Lismete | d Lismig | tintle *(Fäden zu einer Kordel zwirnen)* | es Strick-Lisi *(Frau, die gerne strickt)*

Stuhl en Fotoi *(franz. fauteuil)* | en Hocker | es Milch-Stüehli *(Dreibeiner)* | en Schemel | es Schemeli | e Stabäle *(alter Holzstuhl)* | es Taburettli *(Hocker)*

Tannenreisig Riisig | Tanne-Chriis

Taschenlampe e Pfunzle | e Täschepfunzle | d Taschebattelamperie *(Taschenlampen-Batterien)*

Taschentuch es Böögge-Album | es Fazenetli | es Fazonettli *(ital. fazzoletto)* | es Naas-Tuech | es Pfnüsel-Tüechli | en Schnuderhudel | en Schnuder-Lumpe | en Schnüüzer

Tasse es Kafibeckeli | e Muchle *(grosse Tasse)*

Telefon es guugelet *(das Freizeichen ertönt)* | s Feliton | s Tefilon

Thermoskrug en Huusfraue-Hydrant

den Tisch decken aarichte | aatische | de Tisch zwäg mache | tische

Toilettentäschchen (Nécessaire) de Kulturbüütel

Treppe e Stäge | stägeliuuf-stägeliap

Tüchlein es Hudeli

die Tür offen lassen Händ Ihr en Stei vor de Höhli? | Händ Ihr Seck dehei? | Häsch Vorhäng dihei?

die Türe zuschlagen knalle | schletze | zuebängle | zueschmättere | zuetunnere

Uhr es Bim-Bam *(grosse Kirchenuhr)* | es Gelöretli *(franz. quelle heure est-il)* | e Guggu-Uhr *(Kuckucksuhr)* | e Pandüle *(eine grosse Standuhr)* | es Tic-Tac | jedem Totsch sini Swotsch *(Swatch)* | en Verspötigsaazeiger

Umzug e Züglete

undicht es rünnt | es seicht | es sutteret | es süderet

Unkraut entfernen jätte

Unordnung, Chaos es Chrüsimüsi | e Dräckerei | e Dräcklete | es Durenand | es Gnuusch | en Mischmasch | de Mischt | e Moorerei | es Puff | e Schweinerei | e Souerei | e Sou-Ornig | en Siff *(dreckig)* | en Soustall | es Tohuwabohu | es Wirr-Warr | alles ligge laa wie d Hüehner de Dräck | d Sache ligge laa wie d Hüehner | öppis verhüehnere | öppis verlegge | öppis vernuusche | versifft *(dreckig)*

Waschbecken s Brünneli | s Lavabo | e Chatze-Wösch *(improvisierte Körperhygiene am Waschbecken)* | e Moorewösch *(nicht sauber waschen)*

Wäsche e Chrottewösch *(kleine Wäsche)*

Wäscheklammer es Chlüpperli | es Chlüppli | es Wöschchlämmerli

Wäscheständer en Stewi

Waschzuber e Gelte | e Stande | e Zeine

mit Wasser spielen göötsche | pflootsche | e Pflootscherei mache | sprütze | wässerle

Weihnachtsbaum en Chriesibaum *(engl. christmas)* | en Chrischtbaum | e Halleluja-Stude | en Liechterbaum | de Tannebaum | es Tänndli

weiss anstreichen wiissge | wiissle

Werkzeug en Ängländer | es Blaatere-Schiit *(Wasserwaage)* | e Biiss-Zange *(Zange)* | en Chroiel *(kleine Gartenhacke)* | en Fuchs-Schwanz *(Handsäge)* | en Geiss-Fuess *(zur Entfernung von Nägeln)* | en Gertel *(Beil für die Baum-Entastung)* | Hagaffe *(Agraffen)* | es Laub-Sägeli *(kleine Modellbau-Säge)* | es Öl-Stitzli *(kleine Öl-Flasche mit Pumpe)* | es Rundum-Bläch *(Rohr)* | e Sägisse *(Sense)* | e Schwabbel-Schiibe *(Polierscheibe aus Leinen)* | en Sackrolli *(kleiner Handrollwagen)* | en Schlegel *(grosser Hammer)* | en Seele-Trööschter *(Hammer)* | es Schliifpapier *(Sandpapier)* | es Schmirgelpapier *(Sandpapier)* | en Tängelistock *(zum Hämmern der Sense)* | e Under-Liib-Schabe *(Unterlagsscheibe)* | drüü Mal abgschnitte und es isch immer no z churz *(Redensart beim Sägen)*

Wischmop en Fluumer

Wohnung e Baragge | e Buude | en Bou | en Bunker | en Gade | es Heimetli | es Hotel | e Höhli | e Hütte *(auch für Haus)* | e Loosche *(Loge)* | e Pfuus-Chammere | e Stubete | en Schlaag *(auch für Zimmer)* | es Tipi | di vier Wänd

schlecht isolierte Wohnung da ghörsch sogar d Flöh hueschte | s isch hellhörig | es hät Muure us Kartong | s isch ringhörig | e Schimmelpilz-Zucht | die händ Seck dehei – es zieht dure | da händ d Wänd Ohre

Wollknäuel en Chnoiel | e Chrugele | e Chrungele *(Garn, Wolle)*

Zahnstocher en Höhleforscher

Zapfenzieher en Zapfe-Zupfer

Zaun en Haag

Zettel es Fözzeli

Zimmerdecke d Büni | d Tili

e Chilbi-Chotzete

Birchermüesli

ESSEN & TRINKEN

Abendessen s Aabigässe | de Zabig | de Znacht

Alkohol Alk | Allohol | Ankehohl | Bluetverdünner | en Läbere-Schänder | en Zungebrächer | Alkohol macht d Bäggli rot und d Bire hohl | Alkohol macht d Bire hohl – isch d Bire hohl, hät s wieder Platz für Alkohol

Ananas e Dschungel-Runggle

Apfel en Öpfel | en Öpfel mit Stumpf und Stiil ässe *(vollständig essen)* | s Bütschgi *(Kerngehäuse)* | s Gigertschi *(Kerngehäuse)*

Apfelsaft es Lütteriwasser | en Moscht | e Puure-Pissi | en Süessmi

Apfelschorle en Öpfelschämpis | en Sprü-Mo (en gsprützte Moscht) | e Urin-Proob

Apfelwein en Chuttlezieher | en Muffe-Güüder | en suure Moscht

Aprikose e Barille

Aromat s gääli Gheimnis | gääli Gülle | s Knarromaat | Knorrli-Puder | Kunscht-Dünger | Swissgold

Artischocken Alti Socke

Austern Hode-Fuetter | Schnudder-Muschle

Banane es Affe-Brot | es Affe-Gipfeli | es Affe-Gnaagi | en Affe-Servila | e Affe-Pischtole | en Affe-Schüblig | en afrikanische Fruchtbumerang | en Chrumm-Öpfel | en Dschungel-Colt | es Schimpanse-Gipfeli | en Schluuch-Öpfel | e Stuehlbräms

Bananenshake en Banane-Wix

Berliner en Confi-Bolle | en Mens-Bunker | es Periode-Weggli

Bier es flüssigs Brot | Brunz | en Büezer-Schämpiss | e Chinder-Pissi *(abgestanden)* | es Drüüerli vom Klopsteihügel *(Hürlimann-Bier; wegen der Adresse)* | e Fäldgülle *(Feldschlösschen-Bier)* | e Gurke | e Guuge | en Gerschte-Sirup | en Gsundheits-Wii | e Hänkel-Röschti *(ein grosses Bier)* | e Hopfeperle | e Hülse | en Hopfeblüete-Tee | en Hopfe-Tee | en Humpe *(Bierkrug)* | es Herrgöttli *(1–2 dl)* | es Konfirmande-Bierli *(Panaché)* | es Läbere-Shampoo | en Malz-Iilauf | en Muurer-Chueche | es Muurer-Joghurt | es Öl | e Obdachlose-Milch | es Obdachlose-Wässerli | e Pfütze *(Bier vom Fass)* | Sägler-Diesel | en Schlegel | en Schoppe | en Schuum-Tee | Schüüm | en Stifel *(1–5 Liter)* | e Stange | es Stängeli | e gääli Wurscht | en Wurschtsalat flüssig | es U-Böötli *(Bier mit versenktem Schnapsglas)* | Vitamin B | warmi Pisse *(abgestanden)* | en Weize-Smoothie | Gerschte und Malz – Gott erhalt s!

Bier (alkoholfrei) es Bleifreis | es Kaschtrierts | en Schwach-Strömer

Birchermüesli es Bimü | es Birchi | Bio-Schotter | e Chilbi-Chotzete | en Halleluja-Pflüdi | es Habermues | es Hüüffeli Chotz mit Eiter

Bohnen es Höckerli | Furz-Gmües | jedes Böhnli git es Töönli

Bonbon es Täfeli | es Zältli

Brei e Babbelbrüe | Baby-Betong | es Päppli

Brombeere es Brummbeeri | es Frommbeeri

Brosamen, Krümel Broosme | Brösmeli | Brumeli | Chruume

Brot de Aahoiel *(Anschnitt)* | de Gupf *(Anschnitt)* | e Fotzelschnitte *(mit Milch-/Ei-Gemisch ausgebacken)* | Kork | es Pfünderli *(½ kg Halbweissbrot)* | es Püürli *(kleines, dunkles Brot)* | e Schiibe Mähl | en Scholle Hanf | es Schlange-Brot *(Brotteig, am Spiess über offenem Feuer gebraten)* | es Semeli *(Semmel)* | es Tschinggeli *(kleines Brötchen)* | es Weggli *(kleines, helles Brot)*

Brötchen (Semmel) es Püürli *(klein, dunkel)* | es Semmeli | es Tschinggeli

Brötchen (Weggen) es Fudiweggli | es Füdlibrot | es Schwööbli | es Weggli | es Zmorgefützli

Butter en Anke | en Anke-Ziger *(Glarner Ziger-/Buttermischung)* | es Ankebölleli | es Mödeli *(Portion Butter)* | Butter und Schmalz – Gott erhalt s!

Cervelat e Arbeiterforäle | en Chlöpfer | e Fleischbohne | en Nitrat-Zeppelin | es Proletarier-Filet | en Rännsattel | en Servila | en Sevi | es Arbeiter-Cordon-Bleu *(Cervelat mit Käse)* | es Puure-Cordon-Bleu *(Cervelat mit Käse und Speck)* | en Züri-Chräbs *(eingeschnittener Cervelat)*

Champagner es Bonze-Pier | en Chlöpfmoscht | es Chopfwehwasser | Nuttediesel | e Puffbrause | en Schamparglatte | en Schämpiss | es Schlampoo | Knallfrösch ablaa *(den Champagner öffnen)*

Coca-Cola es Coci | es Cola | Disco-Bänzin | en bruune Gorps | en Jeans-Whisky | es WC *(Whiskey-Cola)*

Cordon-Bleu es Cordon-Pnöö

Cornflakes Bömbeli | Flocke | Kornis | Knack-Knack

Crèmeschnitte e Bazille-Schnitte | en Eiter-Balke | en Eiter-Rieme | e Eiter-Schwarte | e Kaloriebombe | es Pfluder-Grüscht | en Platte-Bou | e Schäm-Griite | e Schliim-Griite | en Schnudder-Balke

Crevetten Schnäbis | Tüüfseemädli

Desserts e Salmonelle-Schnitte *(Tiramisù)* | en Fruchti *(Fruchtsalat)* | en Fruchtsalat für Fuessgänger *(mit Schnaps)*

Dörrgemüse kochti Holzwule

Dosenfleisch graffleti Zwärge | John Wayne

Ei e Potänz-Granate | en Pfiiffe-Schweller | en Rieme-Spanner | Schälle-Betong

Eiben-Beere (rote Frucht) Schnuderbeeri

Eintopf en Wuche-Rückblick | geschter d Chuchi gwüscht

Eis-Crème es Glassee *(franz. glace)* | es Iisgräm | es Tschelati *(ital. gelato)*

Eistee Roschtwasser | en Schiisstee

Erbsen Chugellager | es Bowäärli

Erdbeere es Eppeeri

Erdnüsse Pumpernüssli | spanischi Nüssli

Esswaren Frässalie | Fueter

Feldsalat Nüsslisalat

Fett s Gädder *(Fett an einem Stück Fleisch)* | s Groibi

Fleischkäse en gstampfte Uhu *(Büchsen-Fleischkäse)* | Schwamedinger Surf-and-turf *(Fleischkäse und Fischstäbli)* | en Schwamm

Fleisch-Liebhaber:in en Fleisch-Tiger | e Gotlet-Frässeri – en Gotlet-Frässer *(franz. côtelette)*

Fondue e Chäs-Suppe | e Gummisuppe | e Schwiizer-Suppe | es Figugegl (Fondue isch guet und git e gueti Luune)

Fruchtsaft en Diätsirup | flüssigs Obscht

Fruchtsalat en Fluchtsalat | en Fruchti | en Fruchtsalat für Fuessgänger *(mit Schnaps)* | en Suchtfralat | en Tutti-Frutti

Früchte e Vitamin-Bombe | Furt mit Obscht – ha Südfrücht im Chäller!

Frühstück de Zmorge | es Zmörgeli

frühstücken Zmorge ässe | zmörgele

Gebäck en Bienestich *(Gebäck mit Vanille-Füllung)* | es Biberli *(Lebkuchen mit Honig-Haselnuss-Füllung)* | es Brunsli *(Schokoladen-Kekse)* | e Furzstange *(Salzstange)* | en Grittibänz *(Männchen aus Brotteig)* | en Öpfel im Schlafrock *(Apfel mit Blätterteigmantel und Haselnussfüllung)* | en Sandsturm *(trocken)* | en Spitzbueb *(Keks mit Confiture-Füllung)* | en Tirggel *(Zürcher Honiggebäck)* | es Madlän *(Madeleine)* | es Tote-Beinli *(Nuss-Stengel)* | es Willisauer Ringli *(Spezialität)*

Gelage e Frässete | e Fräss-Orgie

Gin Tonic en GT | en Piniewald | es Wachholder-Soda

Gipfel en Buttersack | en Fettbalke | en Glasschniider *(alt)* | es Gipfeli | e Sagmähl-Kurve

Götterspeise Schwaabe-Schnuder

Gourmet en Fräss-Sack

Gugelhopf en Lupfdegugel | en Sandsturm *(trocken)*

Gulasch en gsprängte Bär

Gurke en Elefante-Böögg | e Guggummere *(franz. concombre)*

Guten Appetit! En Guete! | Es Güeteli! | Isch es guet gsii? – Das chunnt erscht morn uus!

Hackfleisch Drüerlei *(Kalb-, Schweine- und Rindfleisch)* | Ghackets | gschreddereti Chueh | vercharete Dürrbächler *(Hunderasse)*

Häppchen es Amüüs-Busch *(franz. amuse-bouche)* | es Bettmümpfeli *(vor dem Zubettgehen)* | en Schnorre-Chützler

Honig Bäri | Bienli-Goifer | Hungg

Hunger haben de Kitt ab de Schiibe frässe | ich chönnt es Ross vertilge | min Mage chnurrt

Kaffee en rasierte Cappuccino *(Milchkaffee)* | e Chemo-Therapie *(koffeinfrei, mit Milchpulver und Saccharin)* | en Chreislauf-Aareger *(Morgenkaffee)* | es Käfeli | en Kafi | en Kafi GT *(mit Trester)* | en Kafi mit Güx *(mit Schnaps)* | en Kafi mit Möcke *(mit eingeweichten Brotstücken)* | en Kafi mit Siitewage *(mit Schnaps)* | en Keffi Gram *(Kaffee Crème)* | en Koffein-Schuub | e Lüürlibrüe *(dünner Kaffee)* | en Nerve-Chützler | en Schümli-Pflümli *(mit Pflaumenschnaps und Schlagrahm)* | en Wulche-Bruch | Kafisatz macht schön!

Kalbsbratwurst en Chnorpel-Sack | es Filet im Darm | en Liiche-Finger | en Ochse-Pimmel | e Öschtrogeen-Kurve

kalte Platte Brot und Chäs | chalte Tisch und Täller und d Fuuscht uf d Schnurre | Kafi complet

kalte Schokolade en Alpe-Whisky | e chalti Schoggi | es Ziegelwasser

Karotte Rüebli | Rüebli für d Büebli | Rüebli git schöni Büebli | Rülpsli

Kartoffel en Acher-Säge | en Gummel | en Herdöpfel | en Hörpfel

Kartoffelstock Gummelstunggis | Herdöpfelstock | Stockis

Käse en Chuehbrocke | fuuli Milch | en Stinkmocke | en Stinkchäs *(räs)* | en bleiche Stinker *(Limburger)* | en Still-Sitzer *(Tilsiter)* | es Zigerstöckli *(Glarner Ziger)* | en Appizäller frisst de Chäs mitsamt em Täller *(Liedzeile)*

Kastanie Cheschtene | e Kaschtüttere

Kaugummi en Chätschgi | en Chätschgummi | en Choi-Chätsch | en Choitsch | en Choitschgi | en Schigg | en Tschigomma | en Tschuui *(engl. chewing gum)*

Kebap es Drüegg | e Gammel-Tüüte | es Lamm-Gschabets | en iigrollte Schafsflade | es Türgge-Gipfeli

Kirsche es Chirschi | es Chriesi | gibeligäälig Chriesi *(gelbe Kirschen)* | Chrieseli güne *(Kirschen pflücken)*

Knäckebrot e gsundi Spanplatte | es Vitamin-Pavatex | es Vollchorn-Brättli

Knoblauch Chnobli

Kohl en Chabis | en Chabis-Chopf | Chöhli | Cholerābli *(Kohlrabi)*

Konfitüre Gomfi | Gomfitüte | Gumfi | Karies-Beschlüünigungs-Grääme

Kotelett es Fleisch mit Handgriff | es Racorö *(ein ranziges Kotelett mit Rösti)*

Lakritze Bäre-Dräck

leckeres Essen besser als e Schnurre voll Wäschpi | Hammer-Food

Leitungswasser Hahneburger | Hahnewasser | Wasser ap de Röhre | Werdhölzli-Schämpis *(von der Kläranlage Werdhölzli)* | Zapfeburger Hahnequäll

Linsen grüeni Wanze

Lollipop en Koutschäck-Stängel *(wegen des US-Serienhelden Kojak)* | en Lolli | en Schläcki | en Schläckstängel

Mahlzeit s Ässe | de Chnätt | de Fraass | s Fueter | de Haber | s Mönü *(franz. menu)*

Mais en Maispflutte | Subventions-Gladiole | en Türgge-Ribbel

Margarine Butter-Felschig | Drachefett | Möchtegern-Butter

Meerrettich Schneemaa-Rüebli

Milch Alpe-Whisky | Chueh-Brunz | Chueh-Buse-Sprudel | Chueh-Saft | Jus-de-Muh *(franz. jus)* | Jus-de-vache *(franz. jus, vache)* | Loobe-Saft | Muh-Saft | Sportler-Bier | Üüter-Gsöff | Zitze-Schämpis

Mineralwasser Blööterliwasser | Château la Pompe | Chlor-Lösig | Chrüseliwasser | Görpsliwasser | Liichewasser | Niere-Spüeler | es Pfündli H2O *(5 dl)*

Mittagessen de Zmittag

Molke d Schotte

Mortadella Esel-Fleisch

Nüsse mit Rosinen Studänte-Fueter | Tutti-Frutti

Nussgipfel en Gnuss-Zipfel | en Guss-Nipfel | en Mocke Staub | e Sagmähl-Kurve | en Schuss-Zipfel

Olivenöl es Tschingge-Schampoo

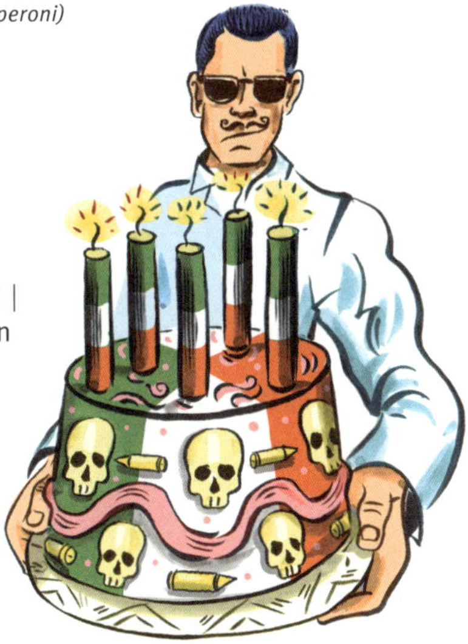

Peperoni s Ampelgmües *(rote, grüne und gelbe Peperoni)*

Pferde-Entrecôte es Filet Hü | es Steak Fury

Pfirsich en Pförsi

Pilze Schwämm

Pizza en Bakterie-Flade | en Mafia-Chueche | e Mafia-Turte | e Mafia-Wäje | e Tessiner Wäje | en Tschingge-Frisbii

Polenta en Hüehner-Beton | en Maisgörps | e Maispfluute | en Tschingge-Chotz | en Türgge-Ribbel

Pommes-Chips Sucht-Schibli

Pommes-Frites Chnebel-Röschti | es Härdöpfelstängeli | Öl-Chlötzli | Öpfel-Fritzli | Pömmfe | belgischi Röschti | Stäbli-Röschti | Vierkant-Röschti

Popcorn Ziitbombe-Mais

Poulet e Chräje | en dämpfte Uhu | en Fädere-Bock | en Flughund | en Gagg | en Gugei *(Gummi-Geier)* | en Gummi-Adler | en Kondor | en Kondor mit zähtuusig Flugstunde *(zähes Poulet)* | es Mischt-Chratzerli *(kleines Poulet)* | es Sulzer-Glänk *(Pouletschenkel)* | es Suppehuehn | uusbeinle *(ein Poulet ausnehmen)*

Pralinen Drache-Fueter

Proviant en Znüüni | en Zwipf *(Abk. von Zwischenverpflegung)*

Rahm Nidel | Nidel schwinge *(Rahm schlagen)*

Rahmschnitzel es Schamritzel

Reis Asia-Pommes | Ameise-Eier | China-Hagel | Chinese-Beton | Chinese-Weize | Hagel-Brösmeli | Schanghai-Röschti

Rindsbraten en Rindsnabel

Rindszunge öppis, wo scho eine im Muul gha hät

Rosenkohl Furz-Chugle | Röslichöhl

Rosine en tröchnete Appizäller | es Wybeeri

Rübe e Runggle

Salami en lahme Saali | es Schluuch-Soili

Salat es Grüen-Fueter | en Schnägge-Himmel

Sandwich es beleidigets Brötli | es Iiklämmts | es Verchlämmts

scharf Ässe mit Nachbränner | das butzt di grad dure | da gsehsch s Füür vo Holland | da litzt s dir grad d Socke abe | da verbrännsch der no d Zunge | da zieht s der grad s Hämp hine ine | en Muffebränner | rääs

Schinken Borschte-Lachs

Schinkengipfel en Schnitte-Zipfel

Schlachtplatte es Liichemöhli | e Metzgete

schlemmen driilige | e heissi Schlacht am chalte Büffee | gurmiere *(franz. gourmet)* | in Giit ine frässe | sich vollstopfe | d Wampe fülle

Schnaps en Absacker | es Bätziwasser | es Brännts | en Churze | en Durebutzer | en Felse-Spränger | en Güx | en Härte | en Klaare | es Kurve-Öl | es Läbeswasser | es Magewasser | en Mage-Trööschter | en Obschtler | en

Ranzechlämmer | en Schnäbe | es Schnäpsli | en Shot *(engl.)* | es Verdauerli | es Verriisserli | es Wässerli | es klars Wässerli | es Zabliwasser | es Ziilwasser | eine ab de Wand

Schnitzel Schniposa *(Schnitzel, Pommes-Frites, Salat)* | Schnippo Sacco *(Schnitzel, Pommes-Frites, Salat, Cola)*

Schokokuss en Mohrechopf *(veraltet)* | e Schuum-Büüle

Schorle e Urin-Proob

schwarze Schokolade Arsch-Betong | Arschloch-Barriere | Arschloch-Barrikade | Durchfall-Brämsi

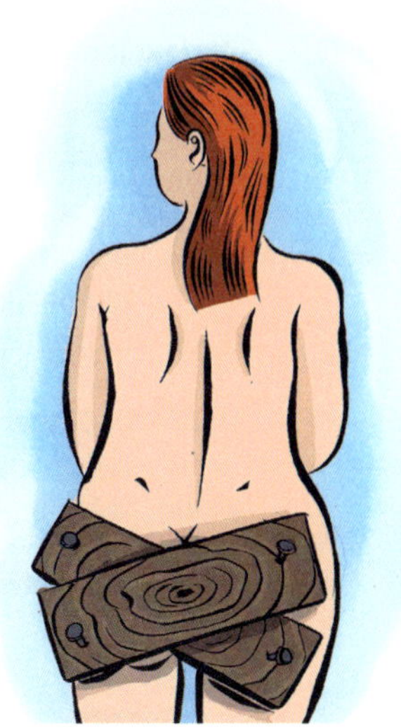

Schwarzwäldertorte e Sturzwälderschwarte

Schwarzwurzel e Arbeiter-Spargle

Schweinshaxe es Büchsefueter | es Gnagi

schwere Kost es fuehret | es stopft | maschtig | Häsch Blei gfrässe?

Senf Windlepüree

Siedfleisch en gsottne Elch | en Turnschueh

Sirup en Chisirö *(Kindersirup mit Röhrli)* | en Himbo *(Himbeer-Sirup)* | en Siri

Soft Ice halbgfrorne Schnuder

Spaghetti napolitanischi Butzfäde | Chlammere-Mues | Schuehbändel | Spaghis | Spaguuge | Spaguuge Bolo *(Spaghetti bolognese)* | Spaguuge Chnollo *(Spaghetti aglio olio)* | Spaguuge Essig *(Spaghetti al pesto)* | Spaguuge Rahm *(Spaghetti carbonara)* | Spaguuge Rot *(Spaghetti napoli)* | Speggi | Teigg-Würm | Tschingge-Nerve | Tschingge-Schlüüch | Tschingge-Schnüer

Spiegelei e Potänz-Chugle | es Hüehner-Cotlett *(franz. côtelette)* | es Stiere-Aug

Spinat Binätsch

Spitzbub (Keks) es Invalide-Guetzli *(wegen der 3 Löcher)*

Stachelbeere e Chrosle | es Chruselbeeri

Steak e Schueh-Sohle *(zäh)* | en Sattel

Sülze e Galerte | en Gallerich | Schnägge-Schliim | en Sulz

Süssigkeiten e Kalorie-Bombe *(kalorienreich)* | Schläckzüüg | Schlutziwaar | en Zah-Killer | en Zah-Mörder

Suppe en Chnoche-Liim *(Hafersuppe)* | e Füdeli-Suppe *(Fideli-Suppe)* | e Lüürli-Brüe *(eine dünne Suppe)*

Take-Away-Spezialitäten en Bruzzito *(Brottasche, gefüllt mit Kalbfleisch / Vorderer Sternen)* | e Zürischnurre *(Brottasche, gefüllt mit Kalbshackbraten / Pepito Snack)*

Tequila mit Ginger Ale en Bumm-Bumm | en Klöpfte

Tomate en dämpfte Uhu *(gedämpfte Tomate)* | en Liebesöpfel

Tomatensalat mit Mozzarella und Basilikum en Tomimozuba | en Tommozz | en Tomate-Mozz

Tomatensauce Sauce periode

Trauben es Truubebeeri | es Chatze-Seicherli *(Americano-Traube)* | de Läset *(Traubenernte)* | d Wümmet *(Traubenernte)*

unanständig essen frässe | frässe wie-n-en Wikinger | in Täller ineligge wi-in-en Napf | pfüdere

ungeniessbares Essen chotzgruusigs Frässe | das würd mer ja nöd emal de Soi füettere | es gseht uus wie scho mal gässe | es läbt scho fascht *(Verfalldatum abgelaufen)* | es tuet s Hirni sandstrahle *(scharfes Essen)* | es Gschludder *(undefinierbares Essen)* | en Schlange-Fraass | e Soitränki

Vanille-Cornet im Blätterteig e Eiter-Guuge | e Eiter-Tüüte | e Schnuder-Tüüte

Vegetarier:in e Komposcht-Frässeri – en Komposcht-Frässer | e Xündelerin – en Xündeler

verfallen überegheje *(Milch, Wein)*

Vermicelles Marroni-Spaghetti | en Spaghetti-Chueche | en warme Gsell | es Würmli-Gstell | Würmli bim Gruppesex | Würmli-Turte

Vesper de Zvieri

Vodka es Ohrewasser | e Russe-Milch | en Wöde | es Gummibärli *(Vodka Red Bull)* | s Mönü Eis *(Vodka Red Bull)*

Voressen e gsprängti Chueh

Wähe e Böllewäje *(Zwiebelkuchen)* | e Tünni *(vor allem im Unterland)* | e Wäh-hee *(nicht appetitlich)*

Whisky en Johnny Cash | en schottische Tee | en «Four Roses» für e «Blue Lady» | en Tüüfel

Wein en Alpe-Nordhang-Essig | en sibirische Berg-Essig | e Bschütti *(von Jauche)* | en Cabernet Sowiso | Château Carton *(Wein im Tetrapack)* | en Château Grauehaft *(ungeniessbarer Wein)* | en Château Migraine *(kopfwehträchtiger Wein)* | en Château Malàlatête *(kopfwehträchtiger Wein)* | en Felge-Wii | en Fusel *(schlechter Wein)* | e Pfütze | en Ranze-Chlämmer | en Rippe-Zwicker | en Herrliberger Süürling *(mieser Tropfen)* | es Halbeli *(½ dl)* | es Tschumpeli *(1 dl)* | es Kilo Roote *(1 l Rotwein)* | en gsprützte Wiisse *(Weisswein mit Mineralwasser)*

Wurstabschnitt es Lämmeli | es Redli

Würste en Landjeger *(geräucherte Wurst)* | es Moschtbröckli *(Spezialität aus dem Appenzellerland)* | en Pantli *(Appenzeller Salsiz)* | en Periode-Chlöpfer *(Blutwurst)* | en Schüblig *(geräucherte Wurst)*

Wurst-Käse-Salat es Füürwehr-Bankett | en Gang-wurscht-en-ii-Salat | en WK-Salat | en Wu-Chä-Sa | en Wüdechäde-Salat | es Worst-Case-Szenario

Zürcher Geschnetzeltes es gschwellts Ross und e Badwanne voll Röschti | es Züri-Gschnätzlets | gschnätzleti Zürcher

Zwiebel e Bölle | en Füdli-Schwärmer | en Furz-Öpfel | Radio-Gmües *(bei Blähungen)* | e Tränegas-Tomate *(rote Zwiebel)* | Zwibelschweizi *(Zwiebeln mit Mehl, in der Pfanne gebraten)*

Goldküschte-Mähl
Kokain

AUSGANG

ausgehen uf Bier-Safari gah | eine la chlöpfe | s Dörfli mache *(von Beiz zu Beiz im Niederdorf)* | Druck mache | eine druffmache | eis go haa | eis go hebe | eis go schnappe | eis go zieh | fehze | uf Fleischbschau gah | in Gang gah | uf d Gass gah | gassi gah | Gömmer Heinrich Gasserich? | hüt chumi erscht morn hei | über d Höf gah | i d Möscht gah | noimet inegheje | uf d Haldeguet-Montasch gah *(von der Biermarke Haldengut)* | go d Lampe fülle | uf d Loitsch gah | e Pinte-Cheer mache | uf d Pischte gah | e Sumpftuur mache | d Stadt uussuufe | uf d Schueler-Reis gah | uf d Schwanz gah | schwofe | steil gah | uf Turnee gah | in Uusgang gah | umeflaniere | usswärts gah *(ins Restaurant)* | e Wälle riisse

betrunken en Aff haa | en Atomsiech haa | en Atomsuff haa | Auge haa wie klöpfti Sicherigspatrone *(kleine Pupillen)* | en Balari haa | en Balloon haa | s total Blackout haa | blau aalaufe | brätscht | s Bei müesse us em Bett hebe zum brämse | d Chappe voll haa | eine a de Chappe haa | chrotte | chrüz-stern-hagel-volle | chueh-volle | eine i de Chroone haa | e Chilbi binenand haa | däne | e Dichti haa | Druck haa | dure | übermässig erfrischt | erdevolle | e Fahne wie-n-en Bunse-Bränner haa | es Mega-Fläsch *(engl. flash)* montiere | eis a de Fichte haa | rundi Füess haa | eine im Gsicht haa | en Lumpe im Gsicht haa | entgleisti Gsichtszüüg haa | es Gweih montiere | gchäppelet | glade | granatedicht | hackedicht | Hirnzälle recycliere | höch haa | höch singe | en Hammer haa | en Rand am Huet haa | kanonevolle | en Knick i de Optik haa | Öl am Huet haa | im Öl ligge | ziemli parat | e Parööti haa *(von parat, bereit)* | de Palimpalim gseh | e Pause haa | e schiefi Peilig haa | en Penalty i de Bire haa | rotzdicht | eine sitze haa | eis am Sänder haa | en Schlirgg im Fejss *(engl. face)* haa | en Siech i de Bire haa | s gaht diräkt under d Schädeltecki | s Schlüsselloch nüme finde | sack | säcke | Seegang haa *(torkeln)* | en Tätsch

im Grind haa | en Tilt i de Bire haa | en Tirggel haa | en Tirggel i der Nuss haa | en Totale haa | eis im Tee haa | mega tschüss | en Vaterlands-Vergässer im Grind haa | verlade | verpeilt | verstriche | versumpft | e Vollnarkose haa | volle wie e Haubitze | volle wie-n-e Chueh | volle wie-n-e Tole | i d Wüeschti Gobi verreise | di grausam Zerstöörig iifange | zue wie-n-e Bahnhofschiissi | zue wie-n-e Chloschter-Tür | zue wie-n-en Grab-Teckel | zue wie de Migros am Sunntig | zue wie en Schueh

Betrunkene:r e Alk-Liiche | e Betonierti – en Betonierte | es Fass ohni Bode | es Schnaps-Fass | en uusgsoffne Halbliter | öpper hät d Läbere uf de Sune-Siite | e Promill-Süüle | öpper hät en Rand am Huet | e Ruusch-Chugle | e Schnaps-Liiche | e Sumpfdrossle | en Schluckspächt | öpper hät Schlagsiite | öpper isch mit eme Tirggel hei choo | lieber über Nacht versumpfe als im Sumpf übernachte

Bordell e Ablaich-Station | e Bums-Stube | en Füdli-Lade | en Gwehrstand | es Hornbläser-Studio | es Luscht-Stübli | es Puff | es Sackläär-Inschtitut | e Schlammdeponie | en Stossbunker | e Zupf-Stube

Ecstasy es Chügi *(Kügelchen)* | es E | es Exti | es paar Rundi | es Teil | es radioaktivs Guetzli | es Tanz-Dragée | e Pille-Spickeri – en Pille-Spicker *(Ecstasy-Konsument:in)*

essen abetrucke | abewürge | id Brotlaube schiebe | an Fuetter-Troog gah | frässe | fuettere | fuude *(engl. food)* | gnaage | in Grind inetrucke | habere | hinderehaue | hindererüere | inebaggere | inebiige | inegeile | ineschuufle | inezieh | öppis hinder d Kiime schiebe | mahle *(eine Mahlzeit einnehmen)* | mampfe | mangsche *(franz. manger)* | öppis in Mage tue | öppis de Schacht aberüere | de Schluuch fülle | schletze | schnabuliere | spachtle | stampfe | stopfe | di latinische Zeerig *(gratis essen)*

Haschisch en Bolle | en Chlumpe | en Chnöbi | en Geisse-Scheiss | Habli | es Piis *(engl. piece)* | en Pögg *(von engl. puck, vom Eishockey)* | Schoggi | e Tafle

nach Hause gehen en Abgang mache | de Bäsewage *(fährt Betrunkene nach Hause)*

Gehen wir nach Hause? Gömmer Club Duvet? | Gömmer hei? | Gömmer Hive? *(wie der Club)* | Hämmer s gseh? | Mached mer en Abgang? | Mached mer de Fisch? | Mached mer e Flüüge? | Mached mer e Schwalbe? | Simmer gange? | Simmer Gschicht? | Zupfed mer en?

Joint en Älme | e Barette | es Barni | en Baseball-Schleger | en Beamer | en Beschlüüniger | en Bidu | en Blant *(engl. blunt)* | e gspannti Blache | en Bornholio | e verbrännti Bradwurscht *(gammliger Joint)* | en Brita-Tabak | en Bronchitto |

en Bronco | en Broncoli | en Broncolino | en Brösmeligipfel | en Büffel | en Büffelfurz *(der letzte Zug eines Joints)* | en Buffon | en Burritto | en Carlitto | en Chrumme | es Chruut-Tüütli | en Chueh-Schwanz | en Cubanito | en Droge-Stäcke | en Dübel | en Duubi | Eine-wie-keine | e Flinte | e Flöte | en Gamlige | en Gii | en Gublito | en Güff | e Guuge | e Hip-Hop-Zigarette | en Häschige | en Iipackte | en Jackson | en Jason | en Jay | en Jeffrey | en Jiint | en Johnny | en Jööl | en Kebab | en Kiffstängel | en Kompakte | en Konische | en Koonier | e Küüle | e Lunte | en Lehmer | en Ofe | es Öfeli | e Petarde | en Ponani | en Ripsige | en Schaba | en Schnitzel-Töff | en Schünte | en Schinte | en Spliff | en Spliifi | en Steckitto | en Stumpe | e Salat-Stange | en Tabak-Schlitte | e Tabak-Schlüüdere | e Tschättere | e Tuube | e Tüüte | en Tschoint *(engl. joint)* | en Tscholgitaner | en Tschübi | en Tschüüf | en Ursige | en Uuhuerige | e Wunder-chruut-Tüüte | e Wunder-Tüüte | e Zingerette | en Zwei-Null-Zweier

einen Joint drehen e Blache spanne | en Joogi träje | eine montiere | eine schruube | eine trüle | eine zue mache | eis trüle | eis wickle

einen Joint rauchen abwiide *(engl. weed)* | barne | es Barni rauche | büschle | es Chnebeli holze | dampfe | eine abezieh | eine schünte | eis blante *(engl. blunt)* | eis böbele | eis chrööse | eis heize | eis kiffe | eis motte | eis müle | eis rutze | eis smööge | eis tschüünte | eis tütze | eis wiide *(engl. weed)* | en Barete zische | en Chegel paffe | en Duubi rauche | en Duubi smierge | e Flinte rauche | en Güff rauche | en Guy rauche | Gresli rauche | güffe | haarze | Habli rauche | hasche | Häscher rauche | heize | en Jay *(engl. J für Joint)* rauche | en Jelly rauche | en Johnny rauche | kiffe | en Konus inezieh | en Mister Hanky schlürfe | e Mocheete rauche | en Ofe heize | en Ofe schletze | paffe | paffiere | pfäffere | es Piiisli *(engl. piece)* inenäh | rigge | e Rulaade sööge | en Schanti-Stängel installiere | en Shabba paffe | schlüüchle | schmürze | Schoggi rauche | siffe | sööge | spliffe | tschitschne *(damit niemand merkt, was man meint)* | en Trichter rauche | en Tschoint *(engl. joint)* rauche | en Tschou *(Joe)* inehaue | e Tüüte smouke *(engl. to have a smoke)*

Kino d Gnickbrächer-Loge *(1. Reihe im Kino)* | d Rasier-Stüehl *(Sitze in der 1. Reihe, weil man immer den Kopf in den Nacken werfen muss)*

Kokain Coci | Goldküschte-Mähl | Goldküschte-Zucker | kolumbianische Schnupf | Prässier-Pulver

Kokain konsumieren Coci näh | de kolumbianisch Heuschnupfe haa | kokse | e Linie zieh | de Millionärs-Schnuppe haa | d Nase pudere | pfupfe | rupfe | schnupfe

Kokain-Konsument:in en Coci-Frosch | e Coci-Nase | en Cöggeler | en Schneepflueg

LSD Äcid | Filz | Hofmann Airlines | en Trip | es Tröpfli | Du fahrsch mit SBB – ich flüüg mit LSD

Party en Bäsch | es Fäscht | e Feete | en Feez *(Teenager-Party)* | e Hundsverlochete *(schlechte Party)* | en Plausch | es Wurscht-und-Brot-Fäscht *(schlechte Party)*

Restaurant e Beiz | e Chnelle | en Chueh-Stall | es Frässarium | e Fräss-Beiz *(Gourmet-Lokal)* | en Fräss-Tämpel *(Gourmet-Lokal)* | e Gift-Chuchi *(Kantine)* | en Hahne | es aagschribnigs Huus | es Reschti | es Réservoir | e Roiber-Höhli *(Spelunke)* | e Schluckhalle | e Suuf-Stube | e Tankstell | e Tränki | e Trinkgäld-Höhli | en Spunte *(Originalbedeutung: Überlauf des Fasses)* | da ine chömed 100 Jahr Chischte zäme *(Spelunke)*

Restaurant (vegetarisch) es Chörnlipicker-Reschti | e Gras-Sammelstell | e Grüenguet-Bar | es Gwächshuus | es Vegi | en Wurzle-Bunker

sich schminken sich aamaale | am Gsicht e chli Farb gäh | sich paraat mache | sich schön mache | sich uufbitsche *(engl. bitch)* | sich uufbräzle | sich uufmotze | sich zrächtmache

Schnupftabak Alpe-Coci *(Alpen-Kokain)*

Servierpersonal en Bier-Schlitte | en Bier-Trax | en Coci-Trax | e Chuchi-Schabe | en Gang-go | en Gaschtstube-Traktor | en Gschiir-Chraane | en Pinguin | en Saaltöff | en Servierschlitte | e Servierdüse | e Servierschlüüdere | en Scherpa *(Sherpa)* | de Schnippo-Töff | e Trinkgäld-Süüle | es Täller-Taxi

Speisekarte d Betriebsaaleitig | d Charte | de Mage-Fahrplan | s Mönü *(franz.)*

Strip-Club en Füdli-Schuppe | en Hüehnerstall | en Nippelstolle | en Tuube-Schlag | e Schüttel-Halle

Stumpen, Zigarre en Brääme-Töder | en Brachsme | en Chotzbalke | en Gfächtsfäld-Belüüchter | en Ränte-Bängel | es Schoggistängeli | en Stinkbolze | en Stinkprügel | e südsibirischi Gebirgs-Rabarbere | es Zäpfli

Szenengänger:in en Szeni | en Xenix-Schlawiner

tanzen abzable | s Bei lupfe | d Chnoche schüttle | es Däänzi duregäh *(engl. to dance)* | eine abehotte | eine anelegge | eine rocke *(engl. rock 'n' roll)* | d Loif bewege | es Fägi mache | s Fudi schwinge | de Fuess lupfe | gruuve *(engl. groove)* | hopse | hüpfe | muuve *(engl. to move)* | s Tanzbei schwinge | scheike *(engl. to shake)* | schwoofe

Tanzlokal (Club, Disco) en Lade | en Musigspunte | en Musigtämpel | es Nuggi-Puff *(Disco für unter 18-Jährige)* | e Roiberhöhli | en Schuppe | en Stall | en Zappelbunker

trinken, sich betrinken abeläre | abstürze | bächere | chüble | eis blaase | eis haa | eis hebe | eis in Helm ine läre | eis lade | eis lööte | eis schnappe | eis zieh | eis zwitschere | en Eight-Ball gäh *(acht Dosen trinken)* | d Feschtplatte formatiere | eis as Geranium läre | es Gschänkli ad Läbere | s Gurgeli tünkle | en Halbe iiriibe *(einen halben Liter Wein trinken)* | de Huet ööle | e Hülse in Thek ine trucke | d Innereie güüsse | d Läbere beschäftige | d Lampe fülle | s Lämpli fülle | es Lampe-Füll-Fäscht haa | gülle | güttere | güügele | hinderegöötsche | iibetoniere | iiriibe | inegeile | inemälche und richtig abemähle | inhaliere | kampfsuufe | kippe | laffe | mämmele *(an der Schnapsflasche nippen)* | ööle *(Bier trinken)* | pääpere | pinte | pässe | em Pegel luege | saldiere | schlürfle *(laut trinken)* | sich d Kante gäh | sich neu formatiere | sich volle laufe lah | spüele | sumpfe | sürpfle *(nippen)* | suufe | suufe wie-n-en alte Jeep | suufe wie-n-en Russ | suufe wie-n-es Loch | tanke | umesumpfe

leer trinken abeläre | abe-öle | alli mal Extremadura | bodige | Ex | Ex – oder ad Wand | Ex oder (nie meh) Sex mit dr Ex | uf Ex – oder nie meh Sex | trink hei – mer gönd uus | uussuuffe | uustrinke

die Zeche teilen Halbe-Halbe mache | Kippi-Handstand mache | mir mached s geteilt dur zwei

Zigarette es Chräbs-Stäbli | en Fade | en Frosch | e Fluppe | e Friedhof-Spargle | e Grabschuufle | e Greete | es Garettli | en Glimm-Stängel | es Induschtrie-Stängeli | e Kippe | es Lungebrötli | e Lulle | e Niele | es Nikorettli | en Sargnagel | en Schloot | e Tote-Spargle | e Ungsundi | e Zigi | es Zäpfli

eine Zigarette rauchen blaase | s Chräbsli füetere | dampfe | eis bäfzge | eis hindere zieh | eis hinder d Kieme zieh | eis näble | eis paffe | eis proike | eis qualme | eis rüüchle | eis smööke *(engl. smoke)* | eis hindere suuge | eis tubakne | en Fade trucke | en Foik inezieh | heize | en Lauch hinderezieh | es Lungebrötli näh | d Lunge teere – demit de Chräbs nöd stürchlet | es Mötti mache | en Sargnagel montiere | en Schloot im Gsicht haa | a de Strass zur Lunge wiiter boue | en Sugo mache | schloote | schmauche | schüüble | d Schlaglöcher fülle | tubäckle | d Früschluft-Vergiftig uuskuriere | winde | en Winkel im Gsicht haa | e Zigi vertrucke | zische

eine Zigarette schnorren Häsch mer e Zigi? | KS – em Kolleg sini *(fiktive Marke)* | KI – de Kollegin ihri *(fiktive Marke)* | Van den Anderen *(fiktive Marke)*

Zigarettenpackung es Fass | es Gift-Möckli

uf de Chole hocke

sparsam mit Geld umgehen

GELD

5 Rappen es Blächvreneli | en Feufer | es Feuferli | en Feuf-Räppler | es Füfi

20 Rappen es Telefon-Pfündli | es Tram-Pfund | es Zwänzgerli

50 Rappen fifti Cent *(engl. fifty cents)* | e Filz-Luus | en Füffzger | es Füffzgi

1 Franken en Bock | en Ein-Fränkler | es Fränkli | en Hammer | en Hebel | en Höger | en Stei | en Stutz | es Stützli

2 Franken en Zwei-Fränkler | en Zwei-Liiber

5 Franken en Foif-Liiber | e Foifer-Rolle | foif Stutz | en Heiri | en Liiber | en Schnägg | e Schiibe | en Tole-Teckel

10 Franken es Djetschi *(ital. dieci)* | es Fäderli | zäh Hebel

20 Franken es Pfund | es Venti *(ital. venti)*

50 Franken en Fufi | en Grüene | e grüeni Sophie | en Scheiter | es Tschinguanteli *(ital. cinquanta)*

100 Franken es Blädel | es Blatt | en Blaue | en topplete Grüene | en Hunderter | en Hunni | en Lappe | e Noote | Spazier-Gält *(mehr als 100 Franken im Portemonnaie)* | es Tschento *(ital. cento)*

1000 Franken e Ameise *(1000er-Note)* | es Kilo | es Liintuech | es Mill | e Tonne | en Tuusiger | en Violette

1 000 000 Franken e Chischte | en Karton | e Mega-Tonne

ausnutzen, aushalten de letscht Feufer us öpperem use hole | uf die Latiinischi läbe | am Herrgott de Tag abstähle | um Grund und Bode bringe | nach Strich und Fade uusnutze | öpperem uf de Täsche ligge | Ich bi doch nöd de Pestalozzi! *(Ich kann nicht immer nur geben wie Johann Heinrich Pestalozzi!)*

Bancomat en Gäld-Chaschte | en Gäldomat | en Gäldschiisser | e Spoitz-Büchs

Bank e Chlotzbuude | e Gäldfabrik | e Wöschmaschine

Banken d Clitoris-Bank *(Clientis Bank)* | Chasch spüele! *(CS)* | Uns bezahlt der Staat *(UBS)* | d Uups *(UBS)* | d Kanalbank *(Zürcher Kantonalbank)*

finanzieller Beitrag en Zuestupf

Geld Batze | Batzeli | Blächigs | Chies | Chläbrigs | Chloibi | Chlööte | Chlotz | Chludi | Chlütter | Chnätti | Chole | Chrööte | Chrüüzer | Flider | Flocke | Flüssigs | Goifer | Hämmer | Höde | Iseli | Käsch *(engl. cash)* | Kneete | Miesch | Moneete | Moni *(engl. money)* | Moos | Münz | Mutschge | Müüs | Noote | Rubel | Schnee | Schotter | Schruube | Schübel | Silber | Spoitz | Stätz | Stei | Stiis | Stutz | Zaschter

Geld ausgeben, bezahlen abtrucke | bläche | blettere | bränne | buttere | chlotze | chrömle | durelaa | es Loch im Hosesack haa | es rünnt eim dur d Händ | fette | käsche *(engl. cash)* | löhne | lööte | mit volle Händ uusgäh | schletze | schütte *(viel Geld ausgeben oder sponsern)* | speese | spoitze | tugge | uf de Grind haue | userüere | usewinde | verblödele | verblöterle | verbutze | verchlöpfe | vergiige | verlättere | verluedere | verprasse | versoue | vertuble | vertumme

Geld ausleihen pumpe | vertlehne

um Geld betteln aabore | aapumpe | aaschnurre | abzocke | guene

Geld gewinnen abnidle | Stütz abhole

Geld schulden bi öpperem i de Chride stah | bi öpperem i de Tinte sii (z. B. ich bin bi dir no 100 Stutz i de Tinte) | bi öpperem uf de Täsche ligge | öpperem Gäld schwach sii

Geld sparen bunkere | jede Feufer uf d Siite legge | Gäld schöchle *(vom Heuen)* | Gäld uf de Bühni haa | horte | uf di höch Kante legge | uf s Konto biige | am Muul abspaare | raggere | s Sparsoili fuetere | Schöchli mache *(vom Heuen)* | schwarzgäldle | Spoitz legge | uf d Siite legge

sparsam mit Geld umgehen uf de Chole hocke | jede Feufer umdräje | gnäppere | giizgnäppere | schmürzele | spärele

Geld verdienen garniere | herbschte | heusche | iisacke | kassiere

zu viel Geld verlangen abzocke | die hohli Hand anehebe | heusche | uusnäh wie-n-e Gans | uuswinde

Geld verschwenden uf de Chopf haue | us em Feischter rüere | de Gäld-schiisser haa | s Gäld mit volle Hände uusgäh | es Loch im Portmonnee haa | in Sand setze | schletze | usejasse | verchlöpfe | vergüüde | verjuble | verlööle | verprasse | verpulvere | verschlüüdere | vertuble

auf Geld verzichten as Bei striiche | is Chämi schriibe | an Huet stecke | in Mond luege

günstig billig | fascht gschänkt | halbe gratis | das rüered s der nae | tschiipo *(engl. cheap)*

investieren inebuttere | Chole inehaue

Kleingeld en Batze | de Brunz | Grampol-Schiibe *(wie die Steine beim Brettspiel Carambole)* | Grümpel | (fuuli) Iseli | Münz | es Orcheschter | Quätschti | Spoitz | Unterlags-Schiibe | e paar Vertruckti | Verquätschti

pleite arm wie-n-e Chilemuus | lieber arm draa als Bei wegg | bankrott | blank | nöd de Gäld-Schiisser haa | Ross-Bolle go sueche müese | d Servila-Hüüt ässe müese | kei Schruube am Arsch haa | stier | kein rote Tschimmi haa

Redensarten Arsch und Gält regiert d Wält | Ich leg s Gält höcher als du aa – du uf de Bank, ich uf em Tisch | Gält gaht nie verlore – es wächslet nume de Bsitzer! | Gält chunnt zu Gält | Gält stinkt nöd *(non olet, bolet)* | Lieber gsund und riich als arm und chrank | ohni Moos nüt los | Vo de Riiche lernsch spare *(wenn Vermögende knausern)* | Bisch go singe gsii? *(wenn jemand viel Kleingeld im Portemonnaie hat)* | De Tüüfel schiisst immer uf die gröschte Hüüffe

Taschengeld Gilet-Münz *(von franz. gilet)* | Sackgäld | Sackrappe | Spazier-Münz

teuer das isch en Abriss | da wirsch abzockt | deet riissed s der de letscht Feufer uus | das sind Heidepriise | vill z köschtlich | si nähmed s vo de Läbige | da zallsch de Name *(bei Markenartikeln)* | das isch nüüt für oisereis *(für uns arme Leute)* | söttig Priise sötted verbotte sii | sacktüür | überrisse | das isch Wucher | das chasch nöd zahle

vermögende Person, Snob e Bonzin – en Bonz | e Chole-Schuufleri – en Chole-Schuufler | en Gäldhahne | en Gäld-Sack | en Goldküschte-Heini | e Gstopfti – en Gstopfte | en Krösus | e Mehbesseri – en Mehbessere | e Noobli – en Nooble | e Obergstopfti – en Obergstopfte | en riiche Seckel | en ticke Schorsch

Wertpapiere en Brief *(Schuldbrief)* | e Wäje *(Wechsel)*

es Zwillings-Chäppli
Büstenhalter

KLEIDUNG

Anzug e Büchs | en Büro-Tarnaazug | en Chittel | en Edelzwirn | e Montur | en Pinguin | e Schaale | e Schnigel-Roobe | en Tschoope | es Tschööpli *(Weste)*

barfuss bluttfuess

Béret s Däbberli | es Franzose-Tschäppi | de Pizzabecker-Huet

Büstenhalter en BeHa | en Bügellift *(BH mit Bügel)* | e Bügelweschte | en Büsti | e Chabis-Chrääze | s Chrättli | d Grossmoischter-Kuppe | en Hang-Fang | e Hügelweschte | e Lawine-Verbouig | en Milch-Stall | e Püppi-Chratte | en Püppi-Halter | d Püppi-Hänki | en Schoppe-Heber | en Titte-Bächer | e Tötti-Chrääze | es Zitze-Tüechli | es Zweier-Zält | es Zwillings-Chäppli

Fliege e Flüüge | en Gurgelipropeller | en Hals-Bändel | en Propeller | en Schmätterling | e Schnällvögler-Grawatte

Flip-Flops Fuess-Zahside | Moccasins Cabriolet | Rio-Sandale | Zäje-Chützler | Zäje-Tanga | Zäje-Vögler | Zeche-Schlarpe

gut angezogen schön aagleit | flott aagschirret | elegantös | gschnagglet | gschalet | gsunntiget | gschniglet | gschnigglet und gschnagglet | gschniglet und büglet | gschteilet *(engl. style)* | schigg à la Wahnsinn | uufgmotzt | use-pützlet | usegstuehlet | useputzt | uufdunse | uufpeppt | uufpimpt *(von der MTV-Sendung «Pimp My Ride»)* | uuftunneret | voll verschärft | wie us em Ei pellt | wie us em Truckli | wie us em Schächteli

Handschuhe d Chlüpperli-Heizig | d Chlüppli-Wärmer | d Füüschtling | d Händsche

Hemd e Blache | es Hämp | es Hömli

Hose d Schlüüch | d Schnällschiisser-Hose *(Hip-Hopper-Hosen)* | e Röhrli-Tschiins *(enge Jeans aus den 80ern)* | heissi Hösli *(Hot Pants)* | en Chegeli-Fänger *(Knickerbocker)* | abgsaageti Hose *(Shorts)* | e Rüebli-Hose *(ganz eng)* | e Schlabber-Hose *(sitzt nicht)*

Hut en umkehrte Bluemetopf | e Dunschtkiipe | en Göx | en Luus-Teckel | en Teckel | en Tötz | en Tschäpper

Jacke es Chutteli | es Jäggli | de Jamper | en Tschooppe *(Blazer)*

Juwelenkette e Chuehglogge

Kleid e Blache | en Fahne | en Fätze | en Fummel | es Hängerli | en Sack | en Summerrock | en Vorhang | es Fähnli *(unansehnlich)* | es Lümpli *(unansehnlich)* | en Chrugel *(zerknittert)* | e Roobe *(Ballkleid)* | en Lumpe *(alt)* | en Schwangerschafts-Lumpe *(lang und weit)* | es Zirkuszält *(zu gross)*

Kleidung d Aalegi | d Fätze | d Hudle | d Klamotte | d Lümpe | d Schale | d Wösch | Was häsch dänn du für es Kudi aa? *(Was trägst du Komisches?)*

Konfektionskleidung Konfetti | ap de Stange | min Schniider isch en Holländer – er heisst Van der Stange

Krawatte es Bappeli-Gschänk | en Binder | en Chalber-Strick | en Chueh-Schwanz | en Fisch | en Gurgelbetoner | en Hälslig | en Iichlämmer | en Kapitalischte-Strick | en Kultur-Bändel | en Kultur-Galge | en Sabberlatz | en Schlips | e Suurstoff-Bräms | en Vatermörder | es Weiss-nöd-was-schänke

Lederjacke es Läder-Tschööpli | d Viicherhuut | es Wämsli | e Winterhilf-Blache | e Zuehelter-Blache

Mantel en Chlüpplisack *(Mantel mit Holz-Verschlüssen)*

Mieder es Hämpergställtli | e Hämperbruscht *(beim Mann)*

Po-Ansatz bei zu knappen Hosen s Muurer-Décolleté | d Spängler-Spalte

Pullover en Puli | en Püsche | en Pusotter | en Rolli *(Rollkragen)* | en Rollchrägeler | en Swätter *(engl. sweater)*

Rock es Fähndli | en Fahne | es Fätzli | en Hudel | es Hudeli | es Lümpli | en Schüpp *(franz. jupe)* | en Luscht-Fätze *(Mini-Rock)* | en Notverband *(Mini-Rock)*

Sandalen Adidas Jerusalem | Heiland-Sandale | Holzböde mit Lasche | Jesus-Laatsche | Moses-Pnöö | Puma Pilger | Riemli-Tramper | Savanne-Huscher | Schlarpe | Tschiises-Pnöö *(Jesus-Pneus)*

Schnürsenkel en Schuehbändel | en Schuehwürger

Schuhe Chääs-Schachtle | Laatsche | Schnäbel | Schnabel-Gurke | Schnabel-Ränner | Tschiengge | Trätter | Quadrat-Laatsche *(gross)* | Chinder-Särg *(gross und eckig)* | Chlöbe *(gross und eckig)* | Schueh, wo Hunger händ *(sich lösende Sohle)*

Schuhe (casual) Revoluzzer-Pantoffle *(«Converse All Star»-Schuhe, wegen dem roten Stern im Logo)*

Schuhe (elegant) Fuesskiller *(Stilettos)* | Schnällvögler-Schüeli *(leichte, elegante Halbschuhe)* | Stögeli-Schueh *(Stöckelschuhe)* | Stögis *(Stöckelschuhe)*

Schuhe (Hausschuhe) Finke | Pantoffle | Schläppli | Schlappe | Schlarpe *(Schlupfschuhe)* | Zoggeli *(Tessiner Holz-Zoccoli)*

Schuhe (offen) Badlaatsche *(Sandaletten)* | Riemli-Schueh *(Sandaletten)*

Schuhe (Sport) Täppi *(dünne Geräte- und Gymnastikschuhe)* | Töggeli-Schueh *(Stollenschuhe, beim Fussball)* | e Pilzfarm *(Turnschuhe)* | Sniikers *(engl. sneakers, Turnschuhe)* | Turnlatsche *(Turnschuhe)* | Tu-Schi *(Turnschuhe)* | Tü-Sche *(Turnschuhe)* | Holzböde *(Skischuhe)* | Schruubstöck *(Skischuhe)* | Zahradfinke *(Skischuhe)*

sich anziehen sich aagschiirre | sich aalegge | id Chleider schlüüfe | id Hudle gumpe | di zweiti Huut überzieh | d Kluft montiere | öppis überwerfe

Slip-Einlage e Muschi-Madratze | en Schnägge-Sörfer | es Surfbrätt

Strümpfe Chnüüsi *(Kniesocken)* | Flüügefänger | Söckli | Strümpf mit eme Mödeli *(mit einem Muster)* | de Strumpflotteri haa *(wenn Strümpfe Falten werfen)*

Tanga en AFH – Arsch frisst Hose | e Arsch-Zahside | en Fade | en Furche-Butzer | en Füregüxli | en Furz-Filter | en Hämorrhoide-Strick | en Lähmgrueb-Strick | en Ritze-Butzer | en Ritze-Flitzer | es Schnüerli | en Spienzli | e Stinkschnuer | en String | en Tangalöli | en Tänger | en Tropfe-Fänger | e Zahside | en Bützitecker *(für Frauen)* | en Sack-Chlämmi *(für Männer)*

Unterhose d Furzbrämsi | d Furzglogge | s Hösli | d Mitternachts-Keilhose | e Pump-Hose | s Rössli-Gschiir | d Schlüüch | d Underpfüpfs | d Undis *(Abk.)* | d Underschlüüch | d Unterpöpsli | d Untertöffli | d Unzgi *(Abk.)* | en Sextöter *(lange Unterhosen)* | Bräms-Spuure *(verschmutzte Unterhosen)*

Unterhose (für Männer) de Eierbächer | de Sack-Halter | s Schälle-Chefi | d U-Boxe | d Underflöte | d Böxis *(Boxershorts)* | en Eichle-Schmeichler *(angenehme Boxershorts)*

Windjacke e Windsgi

zerknautscht en Faltewurf | de Knitterlook | unglettet | verchruglet | verfältlet | verhotschet | verhürschet | verrumpflet | verrümpflet | verschnurpft | vertruckt | zämeknuuschtet | zämegwurschtlet | Autsch – verknautscht! | Es gseht uus, wie wänn s e Chueh i de Schnurre gha hett | Häsch keis Glettise?

d Bonze-Chilbi

Sechseläuten

STADTLEBEN

Abwassserschacht es Gülleloch | e Tole

Badeanstalt e Badi | en Fleischmärt *(überfüllte Badeanstalt)* | es Paradiisli *(Nacktbad)* | s Schwümmbi *(Abk. von Schwimmbad)* | es Strämmes *(Abk. von Strandbad)* | es Strampi *(Abk. von Strandbad)* | s Allemöösli *(Bad Allenmoos)* | s Letzi *(Letzibad)* | s Blutto-Quai *(Strandbad Utoquai)* | s Tüüfi *(Strandbad Tiefenbrunnen)* | de Tuntebrunne *(Strandbad Tiefenbrunnen)* | s Wälli *(Wellenbad Dolder)*

Bars, Cafés de nacktig Scheiche *(Barfüsser)* | s Konflikti *(Kon-Tiki)* | s Kontakti *(Kon-Tiki)* | s Ojeh-ojeh *(Olé-Olé-Bar)* | s Prokurischte-Stübli *(Joe's Haifisch-Bar)* | s Schnafi *(Kafi Schnaps)* | d Sterne-Büchs *(Starbucks)* | s Vier-Ix *(Schiffbau)*

Brauchtum e Chilbi *(Kirmes)* | de Chnächt Rupprächt *(Helfer des Samichlauses)* | de Räbeliechtli-Umzug | de Samichlaus *(Sankt Nikolaus, Weihnachtsmann)* | de Schmutzli *(Helfer des Samichlauses)* | Wehntaler Chlöis *(hohe Kopfbedeckungen)*

Clubs, Discos s Kafi Schräg *(Club Diagonal)* | s Draatschi *(Kulturtreff Drahtschmidli)* | de Chuehflade *(Kaufleuten)* | s Kauf *(Kaufleuten)* | s Lüüte *(Kaufleuten)* | s Kafi König *(King's Club)* | de Pubertätshüpfer-Träff *(Mascotte)* | de Teenie-Bunker *(Mascotte)* | d Milch-Disco *(Toni-Molkerei)* | de Ochse *(Oxa)* | s Öxi *(Oxa)* | s Shopping-Center *(Club Supermarket)* | s Supi *(Club Supermarket)* | d Zucki *(Zukunft)*

Comestibles-Geschäft es Alle-Cheib-Lädeli | en Gummistifel-Lade | es Tante-Emma-Lädeli

Gebäude, Lokalitäten s Grossmoischter *(Grossmünster)* | s Chischpi *(Kinderspital)* | s Letzi *(Stadion Letzigrund)* | d Notschliifi *(Notschlafstelle)* | de Fleisch-Chäs *(Opernhaus-Neubau)* | s Burghölzli *(Psychiatrische Universitätsklinik)* | s Schlössli *(Psychiatrische Anstalt Oetwil a. S.)* | d Tinteburg *(Sihlpost)* | de Bahnhof Strudelhafe *(Bahnhof Stadelhofen)*

Gefängnis s Chefi | d Chischte | schwedischi Gardine | de Karzer | de Knascht | s Loch | di schlüssellosi Wohnig | s Pöschloch *(Strafanstalt Pöschwies)*

Hallenstadion d Halle | s Hallestyz | de Wädli-Tämpel

Jahrmarkt e Chilbi | e Zäme-Tütschi-Bahn *(Auto-Scoooter)* | es Tütschi-Auto *(Auto-Scooter)*

Karussell e Goofe-Trüli | e Riit-Schuel

Masoala-Halle de Chäsglogge-Dschungel | d Bresaola-Halle | d Malaria-Halle

Menschenauflauf es Gloif | es Gloitsch | es Gmoscht | en Gräbel | es Gstungg | Git s öppis gratis? | e Moitsch | e Truckete | es gfürchigs Truck | Das isch ja wie am Zürifäscht!

öffentliche Verkehrsmittel de Oriänt-Express *(Bus 32)* | d Frida *(Forchbahn)* | d Frida Bünzli *(Forchbahn)* | d Schnarchbahn *(Forchbahn)* | de Gift-Schlitte *(Cobra-Tram)* | d Stirb-oder-Bräms-Bahn *(Südostbahn SOB)* | d Stress-Bahn *(S-Bahn)* | de Goldküschte-Express *(S-Bahn Zürich-Meilen-Rapperswil)* | de Mählwurm *(SBB-Neigezug)* | de Sliboviz-Express *(SBB-Zug nach Belgrad)* | de Balkan-Express *(Sihltal-Bahn)* | en Bügel *(Tram)* | en Schnäpper *(Tram)* | es Glett-Iseli *(altes Züri-Tram)* | s Poschi *(Postauto)* | s Poschti *(Postauto)*

Orte (ausserhalb von Zürich) s Rüebliland *(Aargau)* | d Puffer-Zone *(Aargau)* | Züri-Wescht *(Bern)* | Tschernobiel *(Biel)* | d Lümmelschüür *(Bundeshaus)* | Glattbronx *(Glattbrugg)* | de Zigerschlitz *(Glarus)* | e Chindli-Fabrik *(Göhner-Bauten in der Agglomeration)* | Göhnlike *(Göhner-Siedlung in Adlikon)* | s Soili-Amt *(Knonauer Amt)* | s Wiiland *(bei Schaffhausen)* | San-Gülle *(Sankt Gallen)* | s Death Valley *(Tösstal)* | s Stündeler-Engadin *(Tösstal)* | Moscht-Indie *(Thurgau)* | de Stierwaldfettersee *(Vierwaldstättersee)* | Göhnerswil *(Volketswil)* | de Quale-See *(Walensee, wegen der Staus auf der alten San-Bernardino-Route)* | de Oscht-Block *(alles nördlich von Winterthur)* | de Steibruch *(Technikum Winterthur)* | de Fräss-Balche *(Autobahn-Raststätte Würenlos)* | Bonzischtan *(Zug)*

Orte (in Zürich) Gwaltstette *(Altstetten)* | d Aubronx *(Quartier Aubrücke)* | d China-Wise *(Blatterwiese am Zürihorn)* | s Dörfli *(Nieder-/Oberdorf)* | de Griess-Hügel *(Giesshübel-Quartier)* | de Hirn-Hoger *(Hochschulen-Quartier)* | de Intelligänz-Hügel *(Hochschulen-Quartier)* | de Pfaue *(Heimplatz)* | d Chalchi *(Kalkbreite)* | d Long Street *(Langstrasse)* | de Chreis Cheib *(Kreis 4)* | s Glasscherbe-Viertel *(Kreis 4)* | de Akzie-Hügel *(Zürichberg, Kreis 7)* | uf em Milchbi *(beim Milchbuck)* | Gförlike *(Oerlikon)* | Dame-Schwinge *(Schwamendingen)* | Schwäminghäm *(Schwamendingen)* | Schwänhätten *(Schwamendingen – wie Manhattan)* | de Üezgi *(Üetliberg)* | de Gmüetliberg *(Üetliberg)* | de Verhüetliberg *(Üetliberg)* | Wollyhood *(Zürich-Wollishofen)* | s Züri-Meer *(Zürichsee)* | d Pfnüselküschte *(linkes Zürichsee-Ufer)* | d Goldküschte *(rechtes Zürichsee-Ufer)* | Züri – di fründlich Boustell a de Limmet

Pflastersteine Bsetzi-Stei | Chaote-Konfetti | Demo-Konfetti

Politik e Glismeti – en Glismete *(Mitglied der Grünen)* | en Komposchti *(Mitglied der Grünen)* | die Fromme *(Die Mitte, eh. CVP)* | die Roote *(SP)* | e Güllebänneleri – en Güllebänneler *(Mitglied der SVP)* | Stapi *(Stadtpräsident:in)*

Restaurants de Vierti *(4. Akt)* | de Puur am See *(Baur au Lac)* | d Gummihalle *(Commihalle)* | d Chrone-Höhli *(Kronenhalle)* | di amerikanisch Botschaft *(McDonald's)* | de Affe-Chefig *(Palavrion)* | s Pala *(Palavrion)* | s Pepe Jeans *(Papa Joe's)* | de bluetig Tuume *(Rheinfeldner Bierhalle)* | de bluetig Zäje *(Bierhalle Wolf)* | d Roiber-Höhli *(Tessiner Keller)*

Schulen d Kanti *(Kantonsschule)* | de Affe-Chaschte *(Kantonsschule Hohe Promenade)* | d Ho-Pro *(Kantonsschule Hohe Promenade)* | s Poli *(die ETH, Polytechnikum)*

Sechseläuten s Böögge-Verbrännis | d Bonze-Chilbi | d Bonze-Fasnacht | d FDP-Chilbi | d Stüür-Hinderzieher-Olympiade | d Züriberg-Fasnacht

Stadtbewohner:in es Betong-Chind | e Fiinstaub-Schnüffleri – en Fiinstaub-Schnüffler | e Grosstadt-Indianerin – en Grosstadt-Indianer | e Sardine-Büchsleri – en Sardine-Büchsler | e Smöögleri – en Smöögeler *(engl. smog)*

Stadtpolizei Zürich s blaue Balett | d Muppet-Show | d Schlümpf | d Stadtmusig | d Trachtegruppe Urania

Street Parade d Cellulitis-Fasnacht | d Füdli-Schau | d Spanner-Parade

Tram-Chauffeuse/Tram-Chauffeur e Bräms-Sand-Streueri – en Bräms-Sand-Streuer | e Kurvepfiiferi – en Kurvepfiifer | e Schälle-Tramperi – en Schälle-Tramper | e Schine-Pilotin – en Schine-Pilot | e Trämmleri – en Trämmler

en Stei-Frässer

Bündner

LAND & LEUTE

Aargauer:in e Aargauneri – en Aargauner | e argi Gauneri – en arge Gauner | e Arschgaueri – en Arschgauer | e Nukleargaueri – en Nukleargauer | e Rüebli-Frässeri – en Rüebli-Frässer | e Rüebli-Länderi – en Rüebli-Länder | e Rüebli-Turte | e Texaneri – en Texaner | e Wescht-Öschtriicheri – en Wescht-Öschtriicher | e Wiiss-Söckleri – en Wiiss-Söckler | e Züri-Hinderländleri – en Züri-Hinderländler

abgelegen am Arsch vo de Wält | im Bitz usse | im Chabis usse | im letschte Chrache *(abgelegenes Tal)* | im Chruut usse | im Fleischchäs usse | im Gaggo | im Gehölz | im Gjätt usse | z Hinderpfupfinge | im Juhee | im Jüttehüü | i de Pampas | im Schilf usse | am Schmiernippel vo der Erdachse | im Schnittlauch usse

Alphütte e Jodler-Baragge | es Heimetli | es Meie-Sääss | es Sänne-Puff | es Schalee *(franz. chalet)*

Amerikaner:in öpper us em 110-Volt-Land | en Ami | es Kaugörl *(engl. cowgirl)* | en Koboi *(engl. cowboy)*

Appenzeller:in en Alpe-Bonsai | en Alpe-Zwerg | en Bodesurri | en räässe Chäs | en Dibbi-Däbbi | e Rappezälleri – en Rappezäller | en Säntis-Chegel | e Tällerfrässeri – en Tällerfrässer | e Teppichrandspringeri – en Teppichrandspringer

Ausflug es Bluescht-Fährtli | e Fahrt is Blaui | halbtaxle *(vom Halbtax-Abo der SBB)* | es Reisli | es Tüürli *(Tour)* | en Trip *(engl.)* | en Uusfluug

Auswärtige:r en fremde Fötzel | e Fremdländischi – en Fremdländische | es Land-Ei *(vom Lande)* | keini oder keine vo eus | e Papierli-Schwiizeri – en Papierli-Schwiizer *(Ausländer:in mit Schweizer Pass)* | e Usserkantonali – en Usserkantonale | e Zuezogni – en Zuezogne *(Neuzuzüger:in)*

Basler:in e Basylantin – en Basylant | en Bebbi | e Bisleri – en Bisler | e Pille-Stedtleri – en Pille-Stedtler *(wegen der ansässigen Chemie)* | e Pilleträjeri – en Pilleträjer | e Stadtchemikeri – en Stadtchemiker | He, Basler Beppi, nöd blagiere – Schutt in Arsch und abmarschiere!

Berner:in e Berner Bärin – en Berner Bär | d Lahm-Eier | d Mutze

Bündner:in e Blauburgunderi – en Blauburgunder | en Bündner Röteli | e Ferie-Eggleri – en Ferie-Eggler | en Föhnchopf | e Geisse-Spanierin – en Geisse-Spanier | en Jürg Jenatsch | en Steibock-Tschingg | e Stei-Frässeri – en Stei-Frässer | e zwiitgloffni Öschtriicheri – en zwiitgloffne Öschtriicher

Deutsche:r en Ballermann | e Bockwurscht | en Bolle-Chopf | en Fischchopf | en Gummihals | en Günther | en Horscht | en Joschka | öpper vom grosse Kanton | en Kraut *(engl. a kraut, vermutlich von Sauerkraut)* | en Neckermann | en Piefke | e Schnäll-Schwätzeri – en Schnäll-Schwätzer | e Schwöbin – en Schwab | en Storch *(wegen der grossen Klappe und dem ewigen Drang nach Süden)* | öpper, wo d Spargle quer frisst | e Thüttschi – en Thüttsche *(ausgesprochen mit starkem, hochdeutschem Akzent)* | en Uwe | es Deutschländer Würstchen | e Läderhose *(Bayer:in)* | es Wiiss-Bier *(Bayer:in)*

Deutschschweizer:innen d Grüezini *(aus Walliser Sicht)* | d Üsserschwyzer *(aus Walliser Sicht)* | i zucchini *(aus Tessiner Sicht)*

Engländer:in e Insel-Äffin – en Insel-Aff | en Ross-Chopf | en Tee-Büütel | en Tee-Chopf

Französin/Franzose en Franz | e Frosch-Frässeri – en Frosch-Frässer | e Schnägge-Frässeri – en Schnägge-Frässer

französische Schweiz äne am Röschti-Grabe | bi de Russe une | Frankriich | Russland | s Wälsch-Land

Französisch s Franzchäsisch | s Franzenösisch

Glarner:in öpper us em Zigerschlitz

Grundstück en Blätz | de Bode | en Fätze | es Heimetli | d Hoschtet | es Stuck Land

Holländer:in en Chäs-Chopf | e Chäs-Rolleri – en Chäs-Roller | e hohli Ländlerin – en hohle Ländler | e Tulpezüchteri – en Tulpezüchter

Hügel en Gupf | en Hill *(engl.)*

Italiener:in en Frizzantino | e Gotthard-Chinesin – en Gotthard-Chines | e Grüen-Wiiss-Rooti – en Grüen-Wiiss-Roote | en Italo | en Olio-Petrolio | en Ramazzotti | e Salami-Tröchneri – en Salami-Tröchner | e Spaghetti-Frässeri – en Spaghetti-Frässer | e Süd-Tessinerin – en Süd-Tessiner | e Tschinggin – en Tschingg *(ital. cinque)* | en Tschinggalamore | e Zitrone-Schüttleri – en Zitrone-Schüttler

Kantone de Kantöönli-Geischt *(Rivalität unter den Kantonen)* | de Risotto-Grabe *(Grenze zwischen deutscher und italienischer Schweiz)* | de Röschti-Grabe *(Grenze zwischen deutscher und französischer Schweiz)* | de Nussturte-Äquator *(Grenze zwischen der deutschen und der rätoromanischen Schweiz)*

Obwaldner:in e Tschifeleri – en Tschifeler

Österreicher:in e Flöhstriicherin – en Flöhstriicher | e Öl-Striicheri – en Öl-Striicher | e Oscht-Aargaueri – en Oscht-Aargauer | e Schluchtejodleri – en Schluchtejodler

Ostschweizer:in e Hals-Chranki – en Hals-Chranke | e Moschtbröckli-Schnitzerin – en Moschtbröckli-Schnitzer | e Öschtriicherin oder en Öschtriicher, wo sich bi dr Völkerwanderig verloffe hät

Patriot:in e Patridiotin – en Patridiot *(chauvinistisch)*

Provinzbewohner:in öpper vo Hindefüre | e Hinterwäldleri – en Hinterwäldler | es Land-Ei

Rätoromanisch Eläktrisch | Elektroromantisch | Geisse-Spanisch | Gröllhalde-Änglisch | Rätselromanisch | Rätselromantisch | Rätoromantisch | Steibock-Elektrisch

Schweizer:in en Bünzli *(Spiessbürger:in)* | en Chäs | en Chäs-Junkie | e Chueh-Schwiizeri – en Chueh-Schwiizer | e Fondü-Frässeri – en Fondü-Frässer | es Puure-Meitli – es Puure-Büebli | en Raclette-Schieber

Spanier:in e Matadorin – en Matador | e Paella-Frässeri – en Paella-Frässer | en Spacco | e Spananierin – en Spananier | en Spanioggel | e oder en Sto-Spa *(stolze:r Spanier:in)*

St. Galler:in e Hals-Chranki – en Hals-Chranke | e Olma-Bradwurscht | e Sankt-Güllerin – en Sankt-Güller | e Schiffli-Stickeri – en Schiffli-Sticker

Tessiner:in e Polenta-Frässeri – en Polenta-Frässer

Thurgauer:in e Öpfelquätscheri – en Öpfelquätscher | e Tannezapfe-Ländleri – en Tannezapfe-Ländler | e Thurgauneri – en Thurgauner

Welsche:r e Oscht-Französin – en Oscht-Franzos | e Russin – en Russ | e Wälschi – en Wälsche

Zürcher:in e Ännet-Hirzeleri – en Ännet-Hirzeler *(aus Zuger Sicht)* | e Limmet-Tiroleri – en Limmet-Tiroler | e ZuReicheri – en ZuReicher *(aus Basler Sicht)* | en Züri-Hegel | e Zürischnurre | en Züzi

e Bradwurscht mit Bei

Dackel

FLORA & FAUNA

Ameise e Ambitzgi | es Ameisi | e B-Meise | es Hambetzgi

Baum en Gragel *(schäbig)*

Biene es Bejeli

Blässhuhn es Taucherli

mitgebrachter Blumenstrauss en Hüüchlerbäse

Blütenpracht der Obstbäume d Bluescht

Bremse e Bräme

Buschwindröschen es Guggublüemli

Dackel e gschwullni Ameise | en Niederflur-Bernhardiner | e Bradwurscht mit Bei | en ferngstüürete Bodelumpe | en motorisierte Fluumer | en Hot Dog a de Leine | es uufblasets Meersoili | e Mettwurscht mit Laufwarze | en Teppich-Porsche | en Bode-mit-em-Buuch-Streichler

Dotterblume e Bachbumbele

Ehrenpreis es Bettseicherli

Eibe en Schnuderbeeribaum

Eichelhäher en Hätzler | e Herehäxler

Eidechse es Hegöggsli

Elster e Agetsche

Eule en Heuel | e Üüle

Filzlaus en Hodefloh | e Sackratte | e Schaambei-Antilope | en Schnäbizägg

flaches Wiesengelände e Aue | en Anger | e Matte | e Wise

Föhrenzapfen es Forigeli

Gänseblümchen es Margriitli | es Müllerblüemli

Hahn en Fäderebock | en Güggel | en Hüehner-Punk

Hahnenfuss es Butterblüemli

Heuschrecke en Heugümper

Holunder e Holdere | en Holler

Huhn es Bibii *(Küken)* | es Bibiili *(Küken)* | e Gaggere | en Gartehaag-Helikopter | e Gluggere *(Legehenne)* | en Gummiadler | es Hüentschi | es Mischtchratzerli | es Pulee *(franz. poulet)*

Hund es Baschterli *(Bastard)* | en Bode-Mopp *(Langhaardackel)* | es Flohtaxi | es Flohtram | en wandelnde Flohzirkus | De isch mit 200 in e parkierti Fuuscht gsecklet *(Mops)* | en Geugel | en Hunziker | en Kläffer | en Möchtegern-Wolf | en Sabberi *(Bernhardiner)* | en Strasseköter *(Bastard)* | en Tintelumpehund *(Dalmatiner)* | e Töle

Hündchen es Album-Hündli *(am Schluss werden sie eingeklebt)* | e gschwullni Ameise | en Bälli | en Barry ohni Luft | en Bodelumpe | en Bodesurri | en Bonsai-Bernhardiner | e Bonsai-Dogge | en ferngstüürete Bodebutzer | e tüüfergleiti Bradwurscht | en Fätze-Schlucker | en Fifi | es Fixhündli | en Fixli | en Fluumer | e Chrüüzig zwüschet emene Fluumer und emene Staubsuuger | e Fuess-Huupi | en pumpete Hamschter | e Hochleischtigs-Ratte | en Hündel | en Hundert-Meter-Hund *(fliegt so weit bei einem Fusstritt)* | es Riise-Insäkt | e Kampf-Ameise | e sibirischi Kampfratte | en Köter | en Kläffzger | en Lawinehund für schneearmi Winter | en Lumpi | es ferngstüürets Meersoili | es sälberglismets Meersoili |

en Pelz | en Pöschtler-Schreck | en Servila mit Bei | es Suppehuehn | en Struppi | en Swiffer *(wie das Wegwischtuch)* | e Teppich-Huupi | en Wade-Biisser | en Wade-Chlämmer | e prässluftgfüllti Waldameise | en Wuwu | en motorisierte Znüni | en Bäfzgi *(kleiner Kläffer)* | en Kläffzger *(kleiner Kläffer)* | en Tschitschi-Wauwau *(Chihuahua)* | es Sälberglismets *(Pudel)* | en schottische Tischkampfhund *(Cairn-Terrier)* | en Fläsche-Butzer *(Yorkshire-Terrier)* | en Kampf-Hamschter *(Yorkshire-Terrier)* | en holländische Lawinehund *(West Highland White Terrier)*

Hundekot en Hundegagel | en Hundsgegel | es Hundepfludi

Hyazinthe es Gleesli | d Zia vo hinte

Johannisbeeren Santehanserli | Trüübeli

Käfer en Chäfer | es Chrabeltier | es Viich

Kaninchen en Chüngel | es Häsli | es Hoppel-Häsli | Schublade-Chüeh *(Zuchthaltung)* | e Tablar-Chueh

Katze e Busle | es Busi | es Büsi | es Chätzli | es Chuschel-Monschter | en Flohpelz | es Flohtaxi | en Fuuchpelz | en Füdibütz | en Haarverteiler | en Heuzger | e Miitze | en Mini-Leu | en Möchtegern-Tiger | es Miau | en Müüslifrässer | en Reuel *(Kater)* | en Strieler | en Stube-Tiger | en Tach-Haas | sie flattiert *(streicht um die Beine)*

Kuckuck de Gugger | de Guggu

Kuhfladen e Alpe-Pizza | en Chueh-Frisbii | en Chueh-Plütter | en Chueh-Schlipf | es Flade-Brot | e stängellosi Gebirgsänzian | en Sankt-Galler-See | en Sunne-Chueche | e Täller-Miine

Kuhglocken s Alpe-Lüüte | es Bim-Bam | e Chueh-Bimmble | es Glüüt | d Muuh-Glogge | e Schälle | e Treichle

Löwenzahn e Chrottepösche | e Puggele | en Soistock

Maiglöckchen es Mäieriisli

Marienkäfer es Anketierli | es Anketrinli | es Glücks-Chäferli | es Gotschinella | es Herrgottetierli | es Himmelgüegeli

Maulwurfgrille e Wärre

Maus es Müüsli

Mäusebussard en Moswei

Milchkuh e Joghurt-Antilope | e Loobe | e Mugge | en Quark-Elch | e Wise-Dame | e Chueh-Buse-Entsaftigsaalaag *(Melkmaschine)* | e Chueh-Garaasch *(Kuhstall)* | e Muh-Barrack *(Kuhstall)*

Mischling es Baschterli

Mücke es Müggli | en Schnaagg *(grosse Stechmücke)*

Nachtschwärmer en Habergauggel

Narzisse e Oschterglogge

Nelken e Fridhofblueme | es Nägeli | e Schlotterhose *(rote Lichtnelke)*

niedliches Tier es Schnügerli | es Wuscheli

Ohrwurm en Ohregrübler | en Ohremüggler

Pferd 400 Kilo Moschtbröckli | en Brääme-Ständer | en Fleischtöff | en Gaul | en Haber-Motor | en Hafer-Frässer | en Hafer-Töff | en Hafer-Traktor | en Heublueme-Töff | en Heu-Porsche | eis PS *(eine Pferdestärke)* | en Salami-Galopper | en Schollegumper | en Scholle-Hopser | es Ross | es Hü-Ross | es Rössli | en Zuckertöff | es Fülli *(Fohlen)* | en Güggel *(Hengst)* | en Fuchs *(rot-braun)* | en Choli *(schwarz)* | en Ross-Bolle *(Pferdeapfel)*

Ratte es Ratti | es Rätteli

Rohrkolben en Kanonebutzer

Salbei Müüslibletter

Sauerampfer en Chübel | e Suurampfle

Schaf en Elefante-Tampon | e Pullover-Chueh | e Wulle-Sou

Schlamm Pfludder

Schlüsselblume es Ehrezejeli | en Goldräge | es Schlüsseli

Schmetterling en Schmättervogel | en Summerling | en Summervogel

Schneeglöckchen es Schneeglöggli

Schwan es Langhals-Äntli

Schwein e Fährlimoore | e Moorerei | es Schwii | e Sou | es Soili | es Soischwänzli | es Suggi | es Fährli *(Wildschwein)* | e Moore *(Mutterschwein)*

Seidelbast e Cylande

Skabiose es Gufechüssi

Sperling en Spatz

Stiefmütterchen es Dänkeli

Tagetes/Studentenblume e stinkigi Hoffahrt

Umgang mit Tieren abtue *(einschläfern lassen)* | chräbele *(kraulen)* | foppe *(spielen)* | goiple *(spielen mit Jungtieren)* | gooppe *(spielen mit Jungtieren)* | zeukle *(spielen)*

umgesägter Baumstamm en Trämel

Veilchen es Veijeli | es Viönli

Waldrebe e Niele

Weberknecht (Spinnenart) en Däddy Longleg *(engl.)* | en Zimmermaa | en Zimmermänggel

welk dööred | lampig | schlampig | scho lang kei Wasser meh gseh | schrumplig | struppig | vertooret | vertröchnet

Wellensittich en Setzchaschte-Papagei | en Stube-Papagei

Wiesenschaumkraut e Schiissgelte

wirres Strauchwerk s Gjätt | s Gstrüpp

Ziege e Geiss | es Gitzi | es Zickli | es Geissebölleli *(Ziegenkot)*

Zuchtstier en Muni | en Zubulli | er hät es Portmonee zwüschet de Bei

en schlafende Tschugger

Bremsschwellen

VERKEHR

Auspuff de Brumm-Brumm | d Muffe | de Stinke-Stummel | s Stinki-Rohr | de Topf

Auto e Badwanne | e Bäne | e Bläch-Guutsche | e Büchs | e Bütti | en Charre | en Chlapf | e Chischte | s Fahri | en Göppel | e Garette | e Gelte | en Kilometer-Frässer | e Maggina *(ital. la macchina)* | en Moschtsüffel *(hoher Benzinverbrauch)* | e Mühli | e Rääbe | mini vier Redli | en Roschthuufe | e Roschtlaube | e Soife-Chischte *(selbstgebasteltes Auto für Kinder)* | en fahrbare Undersatz

Auto (alt) e Dräckschlüüdere | e Runkle | e Schwarte | e Stink-Morchle

Auto (gross) e Guutsche *(Kutsche)* | en Schlitte

Auto (klein) e galoppierendi Öpfelhurde | es Poschti-Chörbli | es Pfüpferli | e Schnupf-Trucke

Auto (langsam) e Gehhilf *(untermotorisiert)* | e Rochle | en Wartsaal

Auto (schnell) en Flitzer | es Gschooss | e Rageete

Auto (getunt) es Chilbi-Auto

Autofahrer:innen en Huet-und-Stumpe-Fahrer *(Opel-Fahrer:in)* | es Porschloch *(Porsche-Fahrer:in)*

Autokennzeichen national AG: Achtung Gefahr *(wenn sich ein Aargauer Auto nähert)* – GA: Gefahr aufgehoben *(wenn man das Aargauer Auto im Rückspiegel sieht)* | AG: Ausser Gefahr *(wenn sich ein Aargauer Auto entfernt)* | AG: Amputiertes Gehirn | AG: Arschloch geprüft | AG: Alles Gentlemen | AG: Alli gstört | AG: es Arschgsicht *(Raser, Rowdy)* | AR: Achtung Raser – Achtung Raserin | BE: bin eilig | BL: en blöde Lööli | BL: Bliib z Lieschtel | BS: en blöde Siech | GE: Gueule élastique | GR: en Gebirgsrowdy | SG: Super-Gau | SG: Sonstiges Gesindel | SG: Saugoofe | SH: Souhund | SZ: Soilizüchterin – Soilizüchter | TG: tatsächlich gchauft | TG: Trotzdem gestohlen | TG: Tulpegrinde | TG: tumm gange | TI: Trotzdem Italienerin – Trotzdem Italiener | VS: en Volldampf-Sürmel | VS: e Vollgas-Sou | VS: e Vill-Suuferi – en Vill-Suufer | VS: Valaisan sympathique | ZG: z wenig Grips | ZG: z vill Gäld | ZH: Züri Hauptstadt | ZH: Zuvorkommend höflich | ZH: z wenig Hirn | ZH: zuvorkommende Herren | ZH: Zucht-Hüslerin – Zucht-Hüsler | ZH: Zuehälter | ZH: ziemlichs Hindernis

Automechaniker:in en Auto-Chlütteri | en Auto-Mech | e Charre-Schmiereri – en Charre-Schmierer | e Schruuberi – en Schruuber

Autos von Alfa Romeo en Alfa Roschteo | en Alfa Rumore *(wegen des Lärms)*

Autos von Audi en Ego-Panzer | en Zwiebelring-Porsche

Autos von BMW en Bald-Mein-Wagen *(BMW)* | en Buure-Mischt-Wage *(BMW)* | en Bums-Mal-Wieder *(BMW)* | bi Mercedes weggrüehrt *(BMW)* | Bin Moslem Weisch *(BMW)* | es Coupé mit Heckschade *(BMW Compact)*

Autos von Citroën e Zitrone | e Änte *(2CV)* | en Dööschwoo *(2CV)* | en Heugümper *(2CV, wegen der Federung)* | en Zwei-Pfünder *(2CV)* | zwei Ross und en Esel *(2CV samt Fahrer:in)*

Autos von Fiat Fähler i allne Teil *(Fiat)* | en Mafia-Schlitte | es Tschingge-Ruckseckli *(Fiat 500)* | en frisierte Rasemäjer *(Fiat 500)* | e Oxa-Limusine *(Fiat Punto)* | en Pizzaiolo-Ferrari *(Fiat Punto HGT)* | Roscht in Turin montiert *(Fiat Ritmo)*

Autos von Ford Ford chaufe – Ford fahre – ford werfe | Ford fahre – hei laufe

Autos von Honda e Dräh-Zahl-Schlüüdere | e chochendi Riis-Schüssle

Autos von Lada e Komunischte-Schüssle

Autos von Mercedes es AHV-Guetzli | en Liichewage *(Mercedes G-Klasse)*

Autos von Opel Offizieller Pfusch eines Lehrlings *(Opel)* | Ohni Power ewig letschte *(Opel)* | e Arbeiter-Crövette *(Opel GT der 1970er-Jahre)* | es Ei *(Opel Kadett GSI)* | en Huet-und-Stumpe-Wage | en Roscht-Blitz | jede Trottel fahrt en Opel

Autos von Porsche en grössewahnsinnige Chäfer | es Wollerauer Poschtiwägeli *(Porsche Cayenne)* | en Porsche Föhn *(Porsche Turbo)* | e Turbine *(Porsche Turbo)*

Autos von Seat en tarnte VW

Autos von Skoda en Bündner Porsche *(Skoda RS)* | en Tscheche-Golf *(Skoda Fabia)*

Autos von Smart en Elefante-Finke | e moderni Gehhilf | en überzüchtete Iichaufswage ohni Griff

Autos von Subaru es Brätzeli *(Subaru Impreza)* | en Puure-Bänz | en teckte Schilter | en Voralpe-Ferrari

Autos von Toyota en Migros-Ferrari *(Toyota Celica)* | en Toyota Gorilla *(Toyota Corolla)* | en tote Gorilla *(Toyota Corolla)* | es Fundi-Ei *(Toyota Previa, Familienvan der Evangelikalen)*

Autos von Volvo Alles us eim Stuck gfiilet | en Bulle-Charre | en Guss-Chlotz | en Lego-Stei | en Rüebeschnätzler | en Schwede-Panzer | es fahrends Altersheim *(Volvo 240)* | en Pämpers-Bomber *(Volvo 850)* | en verchleidete Sportwage *(Volvo Turbo)*

Autos von VW en Chliibürger-Porsche *(Golf GTI)* | en Dschungel-Porsche – jede Aff hät eine *(Golf GTI)* | en Luusmeitli-Porsche – en Luusbuebe-Porsche *(Golf GTI)* | es Schuldeblääch *(Golf GTI)* | e frisierti Sprützchanne *(kleine GTI-Modelle)* | en Virus *(Golf GTI)* | en Luft-Hüüler *(VW Käfer)* | en Huusfraue-Porsche – en Huusmanne-Porsche *(VW Karmann-Ghia)* | en Möchtegern-Passat *(VW Vento)*

Autos aus Deutschland e Schwaabe-Büüle

Autos aus England es Britisch-Eländ *(British Leyland)* | en Züriberg-Traktor *(Jeep Cherokee)* | e frisierti Garette *(Mini Cooper)*

Autos aus Italien en Pubertäts-Ferrari *(Alfa Romeo GTV oder getunter Fiat)* | es Pizza-Blääch *(ital. Auto, meistens Fiat)* | de roschtet scho im Katalog

Autos aus Japan e Riis-Schüssle

Autos aus Spanien e Paella-Schlüüdere

Autos aus den USA es Ami-Fass *(grosses US-Auto)* | es Ami-Schiff *(grosses US-Auto)* | en Ami-Schlitte *(grosses US-Auto)* | en Bouarbeiter-Ferrari *(Corvette)* | e Crövette *(Corvette)*

Auto-Zubehör Charre-Schmieri *(Fahrzeug-Fett)* | e Servela-Länkig *(Servo-Lenkung)* | en Eier-Chocher *(Sitzheizung)* | en Rosette-Tooschter *(Sitzheizung)* | en Pussy-Toaster *(Sitzheizung)*

Benzin flüssigs Gold | Moscht | Sprit

Benzin tanken Moscht hole | Sprit hole | de Tiger in Tank tue

bremsen de Anker userüere | d Chlötz abelaa | uf d Chlötz gah | uf d Ise stah | en Schlirgg riisse | en Schwarze riisse

Bremsschwellen e schlafendi Tschuggeri – en schlafende Tschugger *(Polizist:in)*

Eisenbahn d Coci-Büchs *(Bahn-2000-Lok, die aussieht wie eine Cola-Dose)* | de Schiissalpino *(Pannenzug Cisalpino)* | de Pannolino *(Pannenzug Pendolino)* | en Schüttelbächer | d Stress-Bahn *(S-Bahn)* | en Sozi-Bächer *(S-Bahn)* | en Lambada-Express *(enge S-Bahn, in der man die Beine mit dem Gegenüber kreuzen muss)* | de Lumpe-Sammler *(letzter Zug vor Dienstschluss)* | Sibe Buebe brünzled circa foif Fässer für d Füürwehr Schaffhuuse *(SBB CFF FFS)*

fahren bloche | bohre | brättere | e Blueschtfahrt mache *(bei schönem Frühlingswetter)* | frääse | en Gummi ligge laa *(durchdrehende Räder)* | hötterle *(langsam fahren)* | en Isige ligge laa *(durchdrehende Räder mit Schneeketten)* | kruuse *(engl. to cruise)* | öpperem en Furz is Polschter trucke *(mitfahren)* | e Strolche-Fahrt mache *(Spritztour)* | umefäge | umefätze | umefiile | umeroifle | umerööschte | umeschweisse

Fahrrad d Berta | es Bio-Bike *(ohne Motor)* | en Chraane | en Draht-Esel | e Geiss | e Harley-tramp-miin-Sohn | es Stahlross | es Velo | lüftle *(die Pneu-Ventile lösen)*

Fahrrad-Fahrer:in e Gümmeleri – en Gümmeler *(Rennrad-Fahrer:in)* | öpper hät s Hirni i de Wade | e Länkstange-Biisseri – en Länkstange-Biisser | en Länkstange-Goiferi | en Luftfilter | en Pedalöli | en Speiche-Löli | öpper mit eme Styroporhirni *(Helm)*

Fahrrad-Zubehör es Chatzenaug *(Rückstrahler beim Fahrradrücklicht)*

Fehlstart de Motor abwürge | er isch abgsoffe | er stotteret | er isch versoffe

Flugzeug-Triebwerk en Töff

Führerausweis s Bileet | de Brief | de Fahruuswiis | de Lappe | de Lööli *(Lernfahrausweis)* | de Permi *(franz. permit de conduire)* | de Schegg

Gang einlegen es Briggee nae schiebe | im Bänzin rüere | eine chnorxe | en Gruess vom Getriebe *(wenn es knirscht beim Schalten)* | s Rüer-Wärch *(Handschaltung)* | e Wäje inerüere | d Zäh butze *(sich verschalten)*

Gas geben abchnüttle | de Bleifuess inehänke | büüle | Chole schuufle | Curry gäh | am Gas hänke | Gummi gäh | Guzzi gäh | Hammer gäh | Pfupf gäh | de Pinsel abetrucke | Stoff gäh | Tee ine laa

Gebrauchtwagenhändler:in e Ross- und Teppichhändleri – en Ross- und Teppichhändler | e Schwarte-Händleri – en Schwarte-Händler

gelb-schwarzer Verkehrsteiler e Biene Maya

Geschwindigkeitsbusse de Jahresbiitrag | en Schnällfahr-Zueschlag | es Selfie uf Rächnig | en tüüre Tolgge

Geschwindigkeitskontrolle Achtung – Glattiis | en Blääch-Polizischt | es hät blitzt | e Boxegass-Kontrolle | en Chaschte | e Foti-Station | en Radar | es Wanderkino

ich bin gestürzt (mit dem Fahrrad) es hät mi bös abgstuehlet | ich han es Achti gmacht | es hät mi büchset | ich han es Carpaccio uf d Strass gleit *(Hautfetzen)* | ich han es Eseli gmacht | es hät mi voll uf d Frässi ghaue | es hät mi glitzt | es hät mi voll uf de Sack knallt | ich bi uf d Schnurre ghejt | es hät mi verpfäfferet | es hät mi verrüert | es hät mi voll grüert | es hät mi vom Velo gschmisse

Go-Kart für Kinder es Trampi-Auto

Hubschrauber en Chreiselmäjer | en Flatter-Chraane | en Heli | en Helikopeter | en Helioktober | en Heuwänder | en Luftmixer | en Nidelschwinger | en Schruubhueber

eine Kurve fahren in Egge stäche | um de Egge fiile | d Handbräms-Cheeri *(im Winter, mit angezogener Handbremse)* | d Kurve chratze | d Kurve schniide | dur de Rank zieh

Lastwagen en Laschti | en Franz-bring-Werchzüüg *(eh. Lastwagen FBW)* | e fuuli Bölle-Wäje *(eh. Lastwagen FBW)* | en Chübelwage *(Lastwagen der Kehricht-Abfuhr)* | es Elefante-Ränne *(Lastwagen überholt Lastwagen)*

Mofa en Füdli-Wecker | en Hämorrhoide-Schüttler | en Hode-Rassler | en Hode-Schüttler | en Hode-Vibrator | en Hödi | en Hosebode-Vibrator | en Pfupf | en Pubertäts-Beschlüüniger | es Pubertätsheliköpterli | en Sackgält-Verdunschter | en Schnäpper | es Töffli | en Voralpe-Schnüffler | e Wurscht-Schind-Maschine *(Mofa mit Keilriemenscheiben-Übersetzung)* | en Zuckerwassermotor

Motor de Chlöpfer | de Chlümper | d Maggina *(ital. macchina)* | de Mocke | de Muskel | de Wecker

Motorrad en Arschbagge-Vibrator | en Chlöpfer | es Chlöpf-Schiit | es Guetzli | en Füür-Stuehl | en Hobel | es Rauchvelo | e Randstei-Frääsi | e Zwiebackfrääsi | e Flüüge *(50 ccm, wegen des Schaltgeräusches)*

Motorrad (125 ccm) e 100-Füdli-Zwänzger | e Hode-Rassle | e Hundertfoifezwänzger | e Tschätterbäne | en Wunde-Füdli-Schwänzler

Motorradfahrer:in öpper sitzt wie en Aff uf eme Schliif-Stei *(schlechte:r Fahrer:in)* | öpper sitzt wie en Aff uf ere Sprütz-Chane *(schlechte:r Fahrer:in)* | es Töffli-Meitli – en Töffli-Bueb *(Mofa-Freak)* | de Plampi *(Beifahrer:in im Seitenwagen)*

Motorrad-Typen en Böögge-Stuehl *(BMW)* | e Gummi-Chueh *(BMW)* | e Hängebruscht-Guzzi *(BMW Boxer)* | en Sockewärmer *(BMW Boxer)* | en Gynäkologe-Stuehl *(Chopper)* | en Affe-Ständer *(Harley)* | en Blöff-Töff *(Harley)* | en Grad-uus-Töff *(Harley)* | e Gülle-Pumpi *(Honda CX500)* | en Riis-Chocher *(japanisches Motorrad)* | en Chlämmer *(KTM)* | e Ravioli-Harley *(Moto Guzzi)* | en Dräcktöff *(Motocross-Motorrad)* | e Hügel-frääse *(Motocross-Motorrad)* | e Sugi *(Suzuki)* | e Susle *(Suzuki)* | e Studänte-Harley *(Vespa)* | es Wäschpi *(Vespa)* | e Jammere *(Yamaha)*

Motorrad-Zubehör es Schildchröttli *(Rückenpanzer und Helm)* | en Chopf-Pariser *(Strumpfmaske)*

Offroader (SUV) en Goldküschte-Panzer | en Goldküschte-Traktor | en Huusfraue-Panzer – en Huusmanne-Panzer | e SVP-Schaukle | en Stadt-Panzer | es Wollerauer Poschti-Wägeli | en Zolliker Pischte-Bully | en Züriberg-Traktor

parken parkiere | saage *(ungeschickt einparken)*

per Anhalter fahren Auto stoppe | stöpple

polizeilicher Alkoholtest müese blaase *(Atemprobe)* | is Röhrli blaase *(Atemprobe)* | gstoche werde *(Blutprobe)* | Soosse abzapfe *(Blutprobe)*

Reifen en Finke | e Gurke | d Gümmis | en Platte *(Reifenpanne)* | en Pnöö *(Pneu)* | d Schlarpe *(breite Reifen)* | d Servila-Hüüt *(abgefahrene Pneus)* | d Wienerli | es spuelet *(die Reifen drehen durch)*

Schneepflug en Pfaadschlitte | e Schnüüzi

Strassenbahn es Glettise *(altes Tram)* | en Bügel | en Schnäpper | es Tram

Streifenwagen es Disco-Wägeli | en gschminkte Audi | es Sixpack *(Kastenwagen mit sechs Polizist:innen)* | s Blii-Blüü *(Martinshorn)* | d Stadt-Musig *(Martinshorn)*

Traktor en Puure-Ferrari | en Berg-Puure-Porsche | en Subvenzione-Porsche

Trolleybus en Böss *(engl. bus)* | es Chole-Velo | en Draht-Bus | en Drähtli-figger | es Gummi-Tram *(Gelenk-Trolleybus)* | en Tatzelwurm *(Gelenk-Trolleybus)*

tunen frisiere | uufbohre | uufmotze | uufpimpe *(von der MTV-Sendung «Pimp My Ride»)*

überfahren überrole | vercharre | verschlirgge

überholen frässe | riisse | e Rückliecht-Demo mache

Unfall s Auto chalt verforme | s Auto zämelegge | en Baum umarme | de Charre verschüüsse | en Flade boue | d Schiissi spitze *(mit dem Motorrad verunfallen)* | e Strumpf-Chugle mache *(Totalschaden)* | en grosse Service | verstääte *(Totalschaden)* | en Zämeputsch

VBZ (Verkehrsbetriebe Zürich) Verein besserer Zürcher:innen | Verrecksch bim zueluege | Verspätige bi Züri | Versuchs-Betrieb Zürich | Vier Brämse zwenig | Vill besser z Fuess | Voll bis zoberscht

Velosolex en Bibelforscher-Traktor | en Chrischte-Verfolger | es Maria-hülf-Motörli | e Pnöö-Figgi *(wegen seinem Reibrad-Antrieb aufs Vorderrad)* | en Solofelix

Verkehrskadett:innen d Strassepylone | d Verchehrs-Chaote | d Verchehrs-Kadeppe

Vollgas voll Caracho | duretrucke | voll Guzzi | voll Hahne | de Stämpel dune haa | voll Stoff | im Tüüf-Flug dehär choo

en Schnäggerüttler
Cello

MUSIK

Alphorn e Berg-Huupi | e Chuehflade-Sirene | e Gletscher-Flööte | es Gröllhalde-Saxophon | e Milchpriis-Jubelröhre | e Schwiizer Monschter-Pfiife

Ballade en Räschte-Figger | en Same-Löser | e Schnulze

Bass en 4-Saite-Dampfhammer *(Kontrabass)* | e Bullfidle | e Grossmueter *(Kontrabass)*

Blockflöte d Penner-Trumpeete | e Pflocktrööte | en Spoitz-Chnebel | en Spoitz-Prügel | es Wimmerholz

Cello e Chile-Giige | e Chnüü-Giige | saage *(gleichgültig und laut spielen)* | en Sackvibrator | en Schnäggerüttler | e Träne-Gondle

Dirigent en Bonsai-Toscanini | en Fuchtli *(mit übertriebenen Bewegungen)*

Dudelsack e Choderblaatere | en Pumpwimmersack | en Schafsmage-Würger

elektrische Gitarre en Bläch-Trällerer | e Rock-Fidle | e Stromgitare

Fagott e Fiirabig-Sirene | e Gülle-Pumpi

Fasnachts-Orchester e Guggemusig

fetzige Musik es fäget | es fätzt | en Gassehauer *(populär)* | en geile Drööhn | es gruuvet *(engl. groove)* | en Ohrwurm *(eingängig)* | es prätschet *(harter Rock)* | en Riisser | es rockt

Flohwalzer de Gottlett-Walzer *(franz. côtelette)*

Geige aberapse *(gleichgültig herunterspielen)* | en Chratzbalche | giigele *(Geige spielen)* | en Jammer-Schinke | rapse *(grob spielen)*

Gitarre en Heilsarmee-Karabiner | e Sehnsuchts-Bratpfanne

Handorgel en Heimetluft-Komprässer | en Heiweh-Komprässer | e Heiweh-Pumpi | en Quätsch-Balke | e Quätsch-Kommode | e Runzle-Flööte | en Runzlekoffer | en Schnuuf-Koffer | es Schwiizer-Örgeli | en Uuf-und-zue-Chaib | en Vaterlands-Komprässer

Jagdhorn es Halali-Horn | en Wildsou-Verschrecker

Jodelchor en Chuehflade-Chnätter | en Gletscherhüüler | en Sack-Chlüüber-Verein

jodeln dem hät s de Sack is Zahrad gno | s Gurgeli aastränge | holeie | jödele – bödele | juchze | mit de Stimm hin- und härkippe

Kirchenorgel en Choral-Furzer | en Halleluja-Komprässer | en Halleluja-Vergaser *(kleine, schrill intonierte Orgel)* | es Pfaffe-Klavier | e Psalme-Pumpi | en Psalme-Vergaaser | es Sunntigs-Harmonium

Klarinette e Guuge | e Ross-Seckel-Pfiife | e Schwarz-Wurzle | en Spoitz-Chnebel

Klavier es Klafoif | es Klavi | es Klavizimbel | de Klimper-Chaschte

Konservatorium s Konsi

Kuschelrock en Befruchtigs-Tango | Füürzüüg-Hiiundhär-Musig | en Hüratsbeschlüüniger | en Liimsüder | Saame-Lööser-Musig | en Schliicher | Schnäbi-Lupf-Musig | en Seele-Süüder | en Weichspüeler

Lautstärke d Lüüti

Männerchor e Jammerbrigade

Mundharmonika en Geufer-Balke | e Schnurre-Giige

Musiker:innen s Bärbeli Rollsplitt *(Barbra Streisand, US-Entertainerin)* | de Bett-offe *(Beethoven)* | de Bettpfoschte *(Beethoven)* | d Bitte Hueschte *(Whitney Houston, US-Sängerin)* | de Diitschei Popo *(DJ BoBo, schweiz. Sänger)* | de Fiige-Toni *(Vico Torriani)* | die geili Keili *(Kylie Minogue, austr. Sängerin)* | de Gresli Prässluft *(Elvis Presley)* | d Hüülboje *(Elvis Presley)* | de Gülle *(Gölä)* | de Jammer-Tschüge *(Udo Jürgens)* | de Judo Würgens *(Udo Jürgens)* | de Pastarotti *(Pavarotti)* | de Pater Muffei *(Peter Maffay)* | de Warze-Peter *(Peter Maffay)* | de Placebo Domingo *(Placido Domingo, Opernsänger)* | de Seich-Obsi *(Pjotr Iljitsch Tschaikowski, Komponist)* | de So-Zart *(Mozart)* | d Spatelruether Chatze *(Kastelruther Spatzen)* | Teppich-Mode *(Depeche Mode, US-Band)* | de Tessiner Gumpesel *(Nella Martinetti)* | d Tina Turnheer *(Tina Turner, US-Sängerin)* | d Tittney Spiers *(Britney Spears, US-Sängerin)*

musizieren eis blase *(Blasorchester)* | Musig mache | sounde

Oboe en Krise-Stab

Ouverture d Ofe-Türe

Pianist en Klimperi | en Taschte-Seckler *(virtuos)*

Plattenspieler e Vinyl-Drähbank

Sänger:in e Näbelchräje

Saxophon es goldigs Pissoir | en Kanalisationsverteiler | es Schuchzerblääch | es Spoitzblääch | e Zentral-Heizig

Schallplatte en Scherbe | e Schiibe | en Stei-Chueche *(Schellack-Schallplatte)* | en Vinyl-Junkie *(Liebhaber von Schallplatten)*

Schlagzeug e Chuchi | en Gschirr-Stall | e Schüüssbuude | e Trummle

schlechte Band Chatze-Musig | e Huupi | Huusegge-Rock | organisierte Lärme mache | e Rumpeltruppe | wänn scho falsch, dänn au luut

singen chräje | gröhle | jodle

Techno Bum-bum | Chlöpfmusig | Duuz-Duuz | en Epi-Aafall | Grabestampfer-Musig | Schranz | Tropfsteihöhli-Sound

Trompete e Guuge | e Zaine

Tuba es Näbelhorn

Volksmusik Agrar-Pank *(engl. punk)* | en Alpe-Disco | en Chuehflädeler | Chuehflade-Rock | en Geisseböppeler | Gump-uuf-und-verreck-Musig | Heubode-Disco-Musig | en Hochalpe-Dixieland | en Hudigäggeler | en Ländler | Landwirtschafts-Musig | en Mischt-Trämpeler | Puure-Rock | Zapfwälle-Musig

Waldhorn e Glücks-Spirale *(weil es schwierig ist, den richtigen Ton zu treffen)*

Zither es Hackbrätt

de Giraff würge

urinieren

WC-BESUCH

aufs WC gehen uf s ABC gah | s Bei lupfe | e Bio-Pause mache | en Boxestopp mache | sich entsorge | für chlini Flamingos gah | uf s Häfi gah | uf s Hüüsli gah | id Keramik-Abteilig gah | de Keramik zeige, wer d Chefin oder de Chef isch | mal für chlini Königstigerli müese | uf s Lavabo gah | mal für chlini Meitli oder Buebe gah | d Nase pudere | d Natur rüeft | uf s Örtli gah | d Plättli-Fuege zehle | uf de Pott gah | s Ross aabinde | schnäll anesitze | uf d Schüssle gah | uf d Schi... butti *(Djibouti)* gah | de Strom abläse | throne | e Uusziit näh | eimal uussetze | uusträtte müese | eis wäggträge | vakuole

Durchfall de Arsch-Durzuug | zum Arschloch uus seiche | bruuni Pisse | d Brunne-Röhre | es Diarröö | de Dampf-Schiss | de Dünnpfiff | de Express-Schiss | d Flitzekacke | en Furz mit Franse | de Gätterli-Schletzer | güllere | güllne | s Iiklämmt uselaa | de Lätter | de Lütteri | de Parterre-Pfnüsel | de Pfluderi | de Pflütteri | de Pfnätschi | de Rugge-Pfnüsel | s Schiissächerli uussprütze | de Schiisser | de Töörli-Giiger | de Tünn-Schiss | de Tuz-Witt *(franz. tout de suite)* | tünn schiisse

erbrechen alles gäh | s Ässe ghejt zum Gsicht use | s Ässe namal dur de Chopf gah laa | s zweit Mal ässe | breje | Brocke jodle | Bröckli hueschte | de Bode aaschreie | de Boge-Hueschte haa | de Chräie rüefe | chiise | es Chäsli mache | Chlümpli jodle | chörble | chotze | chotze bis s bruun Ringli chunnt und das wider abeschlucke | d Chräie füetere | digge | erbräche | farbig lache | e chli fescht görpse | e Fremdsprach lehre | d Fisch füettere | s Füdli betrüge | s Gsicht uuslääre | gschnätzlet goisse | hergäh | hinderschi ässe | hinderschi räuschpere | hinderschi schiisse | Ine und use – geil! | de Keramikgott aabätte | de Läbesmittel-Hueschte haa | lache, dass mer mues Sagmähl drüber streue | mit em grosse, wiisse Hörer telefoniere | Möckli hueschte | Möckli lache | s Mönü wächsle | oral ejakuliere | Porzellan-Bus fahre | e Pizza legge *(wer sich nach dem*

Jogging übergeben muss, ist ein Pizza-Kurier) | de Pizzaiolo verträtte | de Rägeboge-Hueschte haa | reiere | röhre | de Röturgang iilegge | de Schlamm-Teckel lupfe | en Spiisröhre-Orgasmus | Gägeverchehr i de Spiisröhre | d Schüssle aaschreie | spüderle | teigge | em Ueeeeli rüefe | sich üssere | wärfe | Würfeli goisse | würge | über d Zäh schiisse | zruggspuele | zur wiisse Schüssle bätte

Furz/furzen abdunschte | de Analschnuppe | en Arschgorps | e abgehendi Blähig | eine abfackle | en ABC-Aagriff | en Bär | Biogas entsorge | biologisch heize | jedes Böhnli git es Töönli | C-Alarm | s Chäsmässer zieh | chinesisch gnüüsse | chleppere | Darmstadt laat grüesse | döönere *(nach einem Döner)* | dröhne | Druck uusgliiche | entlüfte | eine fahre laa | föhne | foike | en Foick | en Fax überchoo | fürzle | gaase | en Gas-Uustuusch mit de Umwält | d Glogge sägne | guet gfurzet isch halbe gschisse | hinenume schnurre | es Hämorrhoidezwitschere | en Höhle-Ggriifte | en Knatterfritz ablaa | en Koffer abstelle | Das isch Körperbeherrschig – öpper ander hett id Hose gmacht | Luft ablaa | lüfte | d Luft verzaubere | d Luft würze | motoore | es Praliné vertrucke | puupse | püüpele | puuschte | Rageete-Aatriib | römisch heize | eine schnattere laa | eine setze | am Stinke aa chunnt s go schiisse | en Stinki ablaa | en Trüffel setze | es Trüff gheje laa *(franz. truffes)* | Schlafzimmerwind | schnurre ohni Zäh | schwäfle | troche schiisse | trumpeete | verdampfe | en abverheite Versuech, s Füdli zum Schnurre z bringe | e Verweesigs-Spur legge | Wer hät gschisse? | Z Amerika chunnsch für de en Oskar über | Ich chan zaubere – ich chan mache, dass d Luft stinkt

Klosettbrille en Arsch-Chrage | es Download-Feischter | en Fäkalie-Fokussier-Ring | en Schiissi-Teckel

Kot en Brauni *(engl. brownie)* | en Bruune | en Caca | en Fudiböögg | en Gagg | en Gagel | en Gaggi | en Gäggel | en Kaktus | en Schiissdräck | es Snickers | en Stei | en Stink

rülpsen en Furz, wo Lift fahrt | en Furz, wo de Uusgang nöd gfunde hät | en umgleitete Furz | görpse | en Gorps ablaa | hinderschi furze | Das isch Körperbeherrschig – öpper ander hett de ganz Tisch voll kiiset | Ich han es Liedli wele singe – aber es sind alli Strophe mitenand choo | en Oscht-Wind *(nach einem Kebap)* | Öb s ächt vom Mage chöm? | de Riissverschluss zue mache | röhre – wie en Hirsch | Sorry – ich ha welle pfiife | am Ton aa gnüegelet s | em Ton naa isch es eusi Moore

stuhlen abseile | Ballascht abwerfe | eine befreie | es Brät setze | en Brachsme setze | en Bruune mache | d Chegelbahn teschte | Caca mache | chegle | eine us em Chrüüz trucke | es Dänkmaal setze | de Darm lääre | öpperem in Darmstadt d Wohnig chünde | eine duregäh | es Ei legge | es Gwind schniide | de Fäkal trucke | gäggele | gaggere | iistuehle *(in die Hose machen)* | kacke | knätte | de Kägi chunnt | en Kaktus setze | zum Moby Dick gah | pflocke | pfunde | es Pfund setze | e Stange Praliné us em Rugge trucke | e Rohrposcht versände | de Rugge schnüüze | e stinkwichtigi Sitzig abhalte | schiisse | stinkele | d Schüssle spränge | d Schüssle tarne | en Schii-Schueh deponiere | en Stink mache | topfe | en Taco legge | de Tunnerbalke füetere | eis trucke | e bruuni Wurscht quätsche

urinieren alles uselaa, wo kei Mieti zallt | em Beizer sin Gwünn uusschütte | es Bier in Egge stelle | s Bier zrugg bringe | es Bisi schmättere | en Brunne mache | zwei Böge mache | bisle | boilere | brunze | brünzle | d Brunz-Chischte lääre | e Stange Brunz in Egge stelle | e Stange Wasser in en Egge stelle | de Boiler entchalche | de Boiler kippe | de Boiler lääre | s Eichebergers aalüüte | s Gärtli sprütze | mit em Hund go laufe | de Kanischter lääre | en Ölwächsel mache | en Platzwächsel mache | uf Pi-Pi-Island gah | zu de Pippi Langstrumpf gah | pippele | pisse | rööze | rüüche laa | schiffe | seiche | suude | de Seich une use laa | en hässige Schiff i d Schüssle rüere | es Lied singe: «Ein Schiff wird kommen» | e Fläsche Wasser in Egge stelle | de Wasserstand kontrolliere | en Wasserfall simuliere | Ich laa mi zwäcks

Wasserlöösig churzfrischtig dischpänsiere | wassere | d WC-Änte füetere | es seichelet *(riecht nach Urin)*

urinieren (Männer) d Anakonda würge | en Arbetslose am Grind näh | d Banane prässe | d Boa würge | em Chef d Hand gäh | em Chliine d Wält zeige | de Chlii über de Schüssle abschlaa | s Eidächsli mälche | d Flööte schüttle | de Fisch schüttle | de Fredy schüttle | de Gebärvatter uuswinde | de Giraff würge | en Jahrgänger träffe | eme Jahrgänger d Hand gäh | ich mues eim go d Hand gäh, wo gliich alt isch wie-n-ich | s Hirschläder uuswinde | s Komma lääre | s Komma schüttle | Kabel verlegge | am beschte Kolleg vo de Fründin d Hand schüttle | d Luschtwurzle uustrucke | de Lumpe strecke | de Molch tröschte | d Muffe ruesse | de Papagei würge | de Pinsel mälche | de Prinz schüttle | s Revier markiere | de Rieme lääre | de Rieme löőse | de Ruech schüttle | d Rohrfüehrerstellig iinäh *(verbreitet bei Feuerwehrleuten)* | d Schlange quäle | e gääli Schnuer id Weid rüere *(in freier Natur)* | de Stumpe abchlopfe | de Sultan würge | go täge *(engl. to tag, seinen Namen an eine Wand sprayen)* | nöd vergässe: troche schüttle | de Weich usehänke | de Zipfel schüttle

WC s ABC | s Abee | d Abseil-Stazion | d Chlöpfgelte | d Chlöpfi | d Chnebelschiissi *(Plumps-Klo)* | d Entfäkalisierigszentrale | s Häfi | s Kackorama | s Klo | d Kackerei | d Keramik-Abteilig | de kachleti Näbe-Ruum | d Knätti | d Latrine | d Pflocki | Pi-Pi-Island | d Pippibox | d Pisseria | d Porzellan-Abteilig | d Porzellan-Uusstellig | d Schiffi | d Schiissi | d Schüssle | s Shit-o-drom | s stilli Örtli | de Topf | de Tunnerbalke | e texanischi Stinkbaragge *(Aargauer Autobahn-WC)*

GUT GEBRÜLLT, ZÜRISCHNURRE!

Mach mit bei der ersten Zürcher Slängipedia!

Haben wir einen besonders treffenden Ausdruck vergessen? Schick uns den deutschen Begriff und seine zürichdeutsche Übersetzung an slang@zuri.net. Oder nutz das Formular im Online-Lexikon: www.zuri.net/slang oder www.zuerislaengikon.ch.
Die Redaktion überprüft alle neuen Beiträge, vereinheitlicht die Schreibweise und behält sich vor, Beiträge abzulehnen, die der Zürischnurre die Schamesröte ins Gesicht treiben.
Je mehr das Züri-Slängikon wächst, desto mehr stimmt unser Motto:

So schnurrt man in der Hauptstadt!

Domenico Blass, geb. 1966 in Zürich, schreibt schon ein ganzes Berufsleben lang Texte, Drehbücher und Theaterstücke. Und dies am liebsten in der Sprache, die ihm in die Wiege gelegt worden ist. Auch deshalb hat er begonnen, die kreativsten Zürcher Släng-Ausdrücke zu sammeln. Erstmals publiziert wurden sie 1989 im Zürcher Monatsmagazin «Bonus», später erschienen sie – inzwischen längst vergriffen – als Buch im Orell Füssli Verlag. Mit Unterstützung der Online-Plattform «zuri.net» und des News-Portals «20 Minuten» sammelt er seither fleissig weiter. Und was sagt er als waschechter Zürcher dazu, dass die aktuellste Version erneut als Buch erscheint? «Das isch de füdliblutt Wahnsinn!»

Der Illustrator **Andrea Caprez**, geb. 1954 in Chur, siedelte – der Bergwelt überdrüssig – Mitte der Siebzigerjahre nach Zürich um, wo er im Umfeld der Achtziger-Bewegung als Autodidakt erste Comics und Illustrationen veröffentlichte. Die Bandbreite seiner zeichnerischen Arbeit ist äusserst gross: Sie reicht von Illustrationen für Zeitungen und Zeitschriften im In- und Ausland über das Gestalten von Buch- und CD-Umschlägen, Kinderbüchern und Trickfilmen bis hin zu Computerspielen. Der Bündner lebt bester Laune nach wie vor in Zürich unter Menschen, die ihn als «Stei-Frässer», «Föhnchopf» oder «zwiitgloffne Öschtriicher» bezeichnen.

zuri.net

Bei zuri.net, dem unabhängigen Lokalverzeichnis der Stadt Zürich, finden Einheimische und Zugezogene nicht nur die besten Släng-Ausdrücke, sondern auch die besten Adressen für alles, was sie im täglichen Leben suchen.

Angaben gemäss General Product Safety Regulations (GPSR) –
EU-Verordnung über die allgemeine Produktsicherheit, gültig seit 13. Dezember 2024

Ansprechpartner:
Wörterseh GmbH
Herrengasse 3
CH-8853 Lachen
verlag@woerterseh.ch

Verlagsauslieferung EU:
Brockhaus Kommissionsgeschäft GmbH
Kreidlerstraße 9
D-70806 Kornwestheim
info@brocom.de

Sicherheitshinweis entsprechend Artikel 9 Absatz 7 Satz 2 der GPSR entbehrlich.